Adorare
in spirito e verità

Adorazione spirituale

Dr. Jaerock Lee

*"Ma l'ora viene, anzi è già venuta,
che i veri adoratori adoreranno il Padre in spirito e
verità; poiché il Padre cerca tali adoratori.
Dio è Spirito, e quelli che lo adorano bisogna
che lo adorino in spirito e verità."*

(Giovanni 4:23-24)

Adorare in spirito e verità del Dr. Jaerock Lee
Pubblicato da Urim Books (Presidente: Johnny. H. Kim)
73, Yeouidaebang-ro 22-gil, Dongjak-gu, Seoul, Corea

www.urimbooks.com

Tutti i diritti riservati. Questo libro, o parti di esso, non può essere riprodotto in nessuna forma, memorizzata in un sistema di recupero o trasmessa in qualsiasi forma e con qualsiasi mezzo, elettronico, meccanico, di fotocopiatura, registrazione o altro, senza previa autorizzazione scritta dell'editore.

Se non diversamente specificato, tutte le citazioni bibliche sono tratte dalla Sacra Bibbia, Nuova Riveduta 2006, Copyright © 1994, della Società Biblica di Ginevra. Utilizzo consentito.

Copyright © 2015 del Dr. Jaerock Lee
ISBN: 979-11-263-1277-1 03230
Traduzione e revisione di Elisabetta Alicino. Utilizzato con permesso.

Le immagini relative al Tabernacolo sono utilizzate con il permesso della Mission Software Inc.

Precedentemente pubblicato in coreano da Urim Books nel 1992

Prima pubblicazione maggio 2015

A cura di Dr. Geumsun Vin
Progettato dall'Ufficio Editoriale di Urim Books
Per maggiori informazioni rivolgersi a urimbook@hotmail.com

Prefazione

Gli alberi di acacia sono molto diffusi nel deserto di Israele. Questi alberi hanno radici profonde centinaia di metri, con le quali cercano l'acqua sotterranea per mantenersi in vita. A prima vista, sembrano alberi buoni solo come legna da ardere, ma in realtà il loro lignaggio è più solido e molto più robusto di qualunque altro albero.

Dio ordinò che l'Arca della Testimonianza (l'Arca dell'Alleanza) fosse costruita con legno ricavato dagli alberi di acacia, rivestita in oro e posta nel Luogo Santissimo. Il Luogo Santissimo è un luogo sacro nel quale abita Dio e nel quale è consentito di entrare solo al Sommo sacerdote. Allo stesso modo, un individuo che ha messo radici nella Parola di Dio che è la vita, non sarà utilizzato solo come strumento prezioso davanti a Dio, ma godrà nella sua vita, anche di abbondanti benedizioni.

Proprio come ci dice Geremia 17:8: "Egli è come un albero piantato vicino all'acqua, che distende le sue radici lungo il fiume: non si accorge quando viene la calura e il suo fogliame rimane verde; nell'anno della siccità non è in affanno e non cessa di portare frutto." Qui, 'acqua' è riferito spiritualmente alla Parola di Dio, e una persona che ha ricevuto tali benedizioni terrà cari i servizi di culto, in cui la Parola di Dio viene proclamata. L'adorazione è una cerimonia in cui il rispetto e l'adorazione sono mostrati davanti alla divinità. In sintesi, come cristiani, l'adorazione è una cerimonia durante la quale rendiamo grazie e solleviamo Dio con tutto il nostro rispetto, con lode e gloria. Sia oggi sia ai tempi del Vecchio Testamento, Dio ha cercato e continua a cercare quelli che Lo adorano in spirito e verità.

Nel Levitico nel Vecchio Testamento sono riportati i più piccoli dettagli sul culto. Alcune persone sostengono che poiché il Levitico è incentrato sulle leggi di offerta a Dio nelle modalità del Vecchio Testamento, per noi ai giorni d'oggi, il Libro è irrilevante. Questo non potrebbe essere più falso a causa del significato delle leggi del Vecchio Testamento sull'adorazione, che sono incorporati nei modi in cui noi adoriamo oggi. Come è avvenuto ai tempi dell'Antico Testamento, l'adorazione ai tempi del Nuovo Testamento è il percorso dove incontriamo Dio. Solo quando seguiamo il significato spirituale delle leggi del Vecchio Testamento sull'offerta, che era senza colpa, possiamo adorare Dio anche ai tempi del Nuovo Testamento in spirito e verità.

Questo lavoro approfondisce le lezioni e il significato delle diverse offerte fornite dall'esplorazione individuale degli olocausti, delle oblazioni, del sacrificio di riconoscenza, sul sacrificio espiatorio ed il sacrifico per la colpa, che si applicano a noi che viviamo nel tempo del Nuovo Testamento. Ciò contribuirà a spiegare in dettaglio come dobbiamo servire Dio. Al fine di facilitare i lettori nella comprensione delle leggi in materia di offerta, questo lavoro è accompagnato dalle immagini a colori della vista panoramica del Tabernacolo, degli interni del Santuario e del Luogo Santissimo e dei diversi strumenti associati all'adorazione.

Dio ci dice "Siate dunque santi, perché io sono santo" (Levitico 11:45; 1 Pietro 1:16), e desidera che ognuno di noi comprenda a fondo le leggi sulle offerte riportate nel Levitico e conduca una vita sacra. Spero arriviate a comprendere ogni aspetto delle offerte ai tempi dell'Antico Testamento e dell'adorazione ai tempi del Nuovo Testamento. Spero anche che esaminiate il modo in cui voi adorate, e che iniziate ad adorare Dio in un modo che gli è gradito.

Prego nel nome del Signore nostro Gesù Cristo che, proprio come Salomone piacque a Dio con i suoi mille olocausti, possa ogni lettore di questo libro essere utilizzato come prezioso strumento davanti a Dio e, come un albero piantato lungo l'acqua, possa godere di traboccanti benedizioni, dando a Dio il profumo di amore e gratitudine, adorandoLo in spirito e verità!

Febbraio 2010
Dott. Jaerock Lee

Indice

Adorare in spirito e verità

Prefazione

Capitolo 1
L'adorazione che Dio accetta   1

Capitolo 2
Offerta nel Vecchio Testamento come riportata nel Levitico   17

Capitolo 3
L'olocausto   43

Capitolo 4
L'oblazione   67

Capitolo 5
Il sacrificio di riconoscenza   83

Capitolo 6
Sacrificio espiatorio   95

Capitolo 7
Il sacrificio della colpa   111

Capitolo 8
Presentare i vostri corpi in sacrificio vivente e santo   123

Capitolo 1

L'adorazione che Dio accetta

"Dio è Spirito, e quelli che lo adorano bisogna che lo adorino in spirito e verità."

Giovanni 4:24

1. Offerte ai tempi del Vecchio Testamento e l'adorazione ai tempi del Nuovo Testamento

Originariamente Adamo, il primo uomo creato, era una creatura che aveva una comunione diretta e intima con Dio. Dopo essere stato tentato da Satana e aver commesso peccato, questa intima comunione con Dio è stata recisa. Per Adamo e i suoi discendenti, Dio aveva preparato una via del perdono e della salvezza, aprendo la strada attraverso cui poter ripristinare la comunicazione con Dio. Questa via si trova nei metodi di offerta ai tempi dell'Antico Testamento, che Dio ha graziosamente provveduto.

Le offerte ai tempi dell'Antico Testamento non sono state inventate dall'uomo, ma direttamente istituite e rivelate da Dio stesso. Lo deduciamo da Levitico 1:1 in poi, "Il Signore chiamò Mosè, gli parlò dalla tenda di convegno e gli disse ..." Possiamo anche supporre ciò dalle offerte che Abele e Caino, figli di Adamo, fecero a Dio (Genesi 4:2-4).

Queste offerte, secondo il significato di ognuna, seguono regole specifiche. Sono classificate in olocausti, oblazioni, sacrifici di riconoscenza, sacrifici espiatori e sacrifici per la colpa e, a seconda della gravità del peccato e dalle circostanze in cui le persone fanno le offerte, possono essere offerti vitelli, agnelli, capre, colombe e farina. I sacerdoti che officiavano sulle offerte dovevano esercitare autocontrollo in vita, prudenza nella condotta, vestirsi con l'efod che era preparato separatamente, e fare le offerte preparate con la massima cura secondo regole stabilite. Tali offerte erano esternate formalmente in modo complicato e rigoroso.

Durante i tempi dell'Antico Testamento, quando una persona peccava poteva essere riscattata solo dando un olocausto uccidendo un animale, e attraverso il suo sangue, il peccato veniva espiato. Comunque, lo stesso sangue di animale offerto anno dopo anno, non poteva completamente assolvere il popolo dai suoi peccati; queste offerte erano espiazioni temporanee e quindi non perfette. Questo perché la completa redenzione dell'uomo dal peccato è possibile solo con la vita di una persona.

1 Corinzi 15:21 ci dice: "Infatti, poiché per mezzo di un uomo è venuta la morte, così anche per mezzo di un uomo è venuta la risurrezione dei morti." Per questa ragione, Gesù il Figlio di Dio è venuto in questo mondo in carne e, anche se senza peccato, ha versato il Suo sangue sulla croce ed è morto su di essa. Da quando per la prima volta Gesù è diventato un sacrificio (Ebrei 9:28), non v'è più la necessità di offerte di sangue, che richiedono regole complesse e rigide.

Come leggiamo in Ebrei 9:11-12, "Ma venuto Cristo, sommo sacerdote dei beni futuri, egli, attraverso un tabernacolo più grande e più perfetto, non fatto da mano d'uomo, cioè, non di questa creazione, è entrato una volta per sempre nel luogo santissimo, non con sangue di capri e di vitelli, ma con il proprio sangue. Così ci ha acquistato una redenzione eterna," Gesù ha compiuto la redenzione eterna.

Grazie a Gesù Cristo, non dobbiamo più offrire sangue a Dio, ma possiamo andare davanti a Lui e offrirGli un sacrificio vivo e santo. Questo è culto spirituale ai tempi del Nuovo Testamento. Come Gesù ha offerto un unico sacrificio per i peccati di tutti i tempi essendo stato inchiodato alla croce e versando il Suo sangue (Ebrei 10: 11-12), quando crediamo dal nostro cuore che siamo stati redenti dal peccato e accettiamo Gesù Cristo, possiamo ricevere il perdono dei nostri peccati. Questa non è una cerimonia che sottolinea l'atto, ma una dimostrazione di fede che nasce dal nostro cuore. Si tratta di un sacrificio vivente, santo e il nostro culto spirituale (Romani 12:1).

Ciò non significa che le offerte dei tempi dell'Antico Testamento sono state abolite. Se l'Antico Testamento è un'ombra, il Nuovo Testamento è la vera forma. Come per la legge, le norme sulle offerte nel Vecchio Testamento sono state perfezionate nel Nuovo Testamento da Gesù. Ora, nel Nuovo Testamento la formalità è diventata adorazione spirituale. Proprio come Dio aveva riguardo per le offerte irreprensibili e leali ai tempi dell'Antico Testamento, ora che siamo nel Nuovo Testamento, Egli sarà lieto della nostra adorazione spirituale offerta in spirito e verità. Le formalità e le procedure rigorose contengono non solo cerimonie esteriori, ma anche significati spirituali di grande profondità. Servono come indicatore, con il quale siamo in grado di esaminare il nostro atteggiamento verso l'adorazione.

In primo luogo, dopo aver ricompensato o assunto la responsabilità attraverso azioni per i difetti verso vicini, fratelli o Dio (sacrificio della colpa), un credente deve guardare indietro nella sua vita alla settimana precedente, confessare i suoi peccati e cercare il perdono (sacrificio espiatorio), e poi adorare con un cuore puro e massima sincerità (olocausto). Quando compiaciamo Dio, dando offerte preparate con la massima cura in segno di gratitudine per la Sua grazia che ci ha protetto durante la settimana precedente (oblazione) e nel raccontare a Lui i desideri del nostro cuore (sacrificio di riconoscenza), Egli soddisferà i desideri del nostro cuore e ci darà la forza e il potere di vincere il mondo. In quanto tali, i culti spirituali inclusi nei tempi del Nuovo Testamento sono molti significativi delle leggi sulle offerte del Vecchio Testamento. Le leggi sulle offerte dei tempi dell'Antico Testamento saranno esplorate in maggiore dettaglio dal capitolo 3 in poi.

2. Adorare in spirito e verità

In Giovanni 4:23-24 Gesù ci dice: "Ma l'ora viene, anzi è già venuta, che i veri adoratori adoreranno il Padre in spirito e verità; poiché il Padre cerca tali adoratori. Dio è Spirito, e quelli che lo adorano bisogna che lo adorino in spirito e verità." Questa è una parte di ciò che Gesù ha detto a una donna che aveva incontrato accanto ad un pozzo in una città della Samaria chiamata Sicar. La donna chiese a Gesù, che aveva iniziato una conversazione con lei con la richiesta di acqua, circa il luogo di culto, un argomento che era stato a lungo oggetto di curiosità (Giovanni 4:19-20).

Mentre gli ebrei facevano offerte a Gerusalemme dove si trovava il Tempio, i Samaritani davano le loro offerte al monte Garizim. Questo perché quando Israele è stato diviso in due durante il regno di Roboamo, figlio di Salomone, Israele costruì a nord un altare al fine di bloccare le persone dal percorrere la loro strada verso il Tempio di Gerusalemme. Sebbene la donna ne fosse a conoscenza, voleva sapere il corretto luogo di culto.

Per il popolo di Israele, un luogo di culto possedeva un significato rilevante. Poiché Dio era presente al Tempio, lo separavano da tutto il resto e credevano che fosse il centro dell'universo. Tuttavia, poiché il tipo di cuore con cui si adora

Dio è più importante di un luogo o di un posto di culto, quando Gesù si è rivelato come il Messia ha fatto sapere che anche la comprensione del culto doveva essere rinnovata.

Cosa significa "adorare in spirito e verità"? "Adorare in spirito" è fare pane della Parola di Dio scritta nei 66 libri della Bibbia, nell'ispirazione e pienezza dello Spirito Santo, e adorare dalla profondità del nostro cuore a fianco dello Spirito Santo che abita in noi. "Adorare in verità" è, insieme con la corretta comprensione di Dio, adorarLo con tutto il nostro corpo, il cuore, la volontà e la sincerità, dando Lui, nella gioia, la gratitudine, la preghiera, la lode, azioni e offerte.

Se Dio accetta o meno la nostra adorazione non dipende dal nostro aspetto esteriore o dalla dimensione delle nostre offerte, ma dal grado di attenzione che gli diamo secondo le nostre circostanze personali. Dio sarà lieto di accogliere e rispondere ai desideri del cuore di quelli che lo adorano dal più profondo del loro cuore e che gli danno doni volontariamente. Tuttavia, Egli non accetta l'adorazione da parte di persone insolenti i cui cuori sono sconsiderati e consapevoli solo di ciò che gli altri pensano di loro.

3. Offerta di adorazione che Dio accetta

Noi che viviamo nei tempi del Nuovo Testamento, in cui tutta la Legge è stata soddisfatta da Gesù Cristo, dobbiamo adorare Dio in modo più perfetto. Questo perché l'amore è il più grande comandamento datoci da Gesù Cristo che ha adempiuto la legge in amore. L'adorazione è quindi un'espressione del nostro amore per Dio. Alcune persone confessano il loro amore per Dio con le labbra ma dal modo in cui essi lo adorano, a volte sembra discutibile se veramente amano Dio dal profondo del loro cuore.

Se fossimo in riunione con qualcuno che è più alto in grado di noi o è più grande di età, ci renderemmo ben presentabili nell'abbigliamento, nell'atteggiamento e nel cuore. Se dovessimo fargli un regalo, ci presenteremo con qualcosa di immacolato e scelto con la massima cura. Ora, Dio è il Creatore di ogni cosa nell'universo, ed è degno di gloria e lode dalla Sua creazione. Se vogliamo adorare Dio in spirito e verità, non possiamo mai essere impertinenti davanti a Lui. Dobbiamo guardarci indietro e fare un esame di noi stessi per vedere se siamo stati impertinenti e fare in modo di partecipare ai culti con tutto il nostro corpo, cuore, volontà e cura.

1) **Non possiamo essere in ritardo ai servizi.**

Poiché l'adorazione è una cerimonia in cui riconosciamo l'autorità spirituale del Dio invisibile, adempieremo a ciò dal nostro cuore solo dopo aver aderito alle regole e ai precetti che Egli ha stabilito. Pertanto, è impertinente essere in ritardo ai servizi, qualunque siano le ragioni.

Dal momento che il tempo del servizio è un tempo che abbiamo giurato di dare a Dio, dobbiamo arrivare in anticipo, dedicarci alla preghiera e prepararci per il servizio con i nostri cuori. Se dovessimo incontrare un re, un presidente o un primo ministro, arriveremmo senza dubbio presto e attenderemo con i nostri cuori preparati. Come possiamo quindi essere in ritardo o arrivare di corsa, quando stiamo per incontrare Dio, che è incomparabilmente più grande e più maestoso?

2) Dobbiamo dare massima attenzione al messaggio.

Un pastore è un ministro che è stato unto da Dio; è equivalente a un sacerdote ai tempi dell'Antico Testamento. Un pastore che è stato istituito per proclamare la Parola da un sacro altare è una guida che conduce greggi di pecore al cielo. Pertanto, Dio considera un atto di insolenza o di disobbedienza verso un pastore come se fosse fatto verso Dio stesso.

In Esodo 16:8 leggiamo che quando il popolo d'Israele si è lamentato ed opposto a Mosè, l'hanno fatto contro Dio stesso. In 1 Samuele 8:4-9, quando il popolo ha disobbedito al profeta Samuele, Dio l'ha considerato come un atto di disobbedienza contro di Lui. Quindi, se si parla con una persona seduta accanto o se la vostra mente è piena di pensieri oziosi quando un pastore proclama un messaggio da parte di Dio, si è impertinenti davanti a Dio.

Anche sonnecchiare o dormire durante i servizi è un atto di insolenza. Potete immaginare quanto sarebbe maleducato per un segretario o un ministro addormentarsi durante un incontro organizzato dal presidente? Per lo stesso motivo, sonnecchiare o dormire in un santuario, che è il corpo di Nostro Signore, è un atto di insolenza di fronte a Dio, al pastore, ed ai fratelli e sorelle nella fede.

È altresì inaccettabile adorare con lo spirito infranto. Dio non accetterà l'adorazione offerta a Lui con dolore senza gratitudine e gioia. Pertanto, dobbiamo partecipare ai servizi di culto con un'anticipazione del messaggio derivante dalla speranza per il Cielo, e con un cuore di amore riconoscente per la grazia della salvezza. È impertinente parlare o scuotere una persona che sta pregando Dio. Così come non si deve interrompere una conversazione tra i vostri pari e il vostro senior, è impertinente interrompere una conversazione di una persona con Dio.

3) L'alcol e il tabacco non dovrebbero essere usati prima di partecipare ai servizi di culto.

Dio non considererà l'incapacità di un nuovo credente di smettere di bere e fumare, come risultato di una fede debole, come un peccato. Tuttavia, se una persona che è stata battezzata e riveste una posizione presso la chiesa, continua a bere e fumare, questo è un atto di insolenza di fronte a Dio.

Anche i non credenti pensano che sia improprio e sbagliato andare in chiesa intossicati o appena dopo aver fumato. Quando una persona comprenderà i tanti problemi e peccati che derivano dal bere e dal fumare, potrà discernere con la verità su come deve comportarsi in quanto figlio di Dio.

Il fumo provoca vari tipi di cancro ed è quindi dannoso per l'organismo, mentre il bere, che può portare ad una intossicazione, può essere una fonte di comportamenti scorretti e di parole improprie. Come può un credente che fuma o beve, servire come esempio di figlio di Dio, il cui comportamento potrebbe anche screditare Dio? Pertanto, se avete vera fede, dovete immediatamente abbandonare questi modi di fare vecchi. Anche se siete dei novelli nella fede, dovete fare ogni sforzo per gettare via questi modelli di vita ed essere adeguati di fronte a Dio.

4) Non dobbiamo distogliere l'attenzione o offuscare l'atmosfera del servizio di culto.

Un santuario è un luogo sacro dedicato all'adorazione, alla preghiera e alla lode a Dio. Se i genitori permettono ai loro figli di piangere, di fare rumore o correre impazziti, i bambini impediranno agli altri membri della chiesa di adorare come sentono. Questo è un atto di insolenza di fronte a Dio.

È altresì irrispettoso arrivare sconvolti o arrabbiati, o parlare del proprio lavoro svolto o intrattenersi per svago al di fuori del santuario. Anche le gomme da masticare, parlare ad alta voce con le persone accanto a voi, o alzarsi e andare fuori del santuario nel bel mezzo di un servizio è una dimostrazione di mancanza di rispetto. Indossare cappelli, magliette, felpe, infradito e ciabatte ad un servizio di culto significa non avere buone maniere. L'aspetto esteriore non è importante, ma l'atteggiamento interiore di una persona e il cuore si riflettono spesso nel proprio aspetto esteriore. La cura con cui una persona si prepara per il servizio viene mostrata nell'abbigliamento e nell'aspetto esteriore.

Avere una corretta comprensione di Dio e ciò che Egli desidera, e ci permette di offrire servizi spirituali di culto che Dio accetterà. Quando adoriamo Dio in un modo che è gradito a Lui - quando Lo adoriamo in spirito e verità - Lui ci darà la forza della comprensione in modo da inciderla nelle profondità del nostro cuore, portare frutti abbondanti e godere di grazia meravigliosa e benedizioni con le quali Egli ci inonderà.

4. Una vita segnata dall'adorazione in spirito e verità

Quando adoriamo Dio in spirito e verità, la nostra vita si rinnova. Dio vuole che la vita di ogni persona nella sua interezza sia una vita segnata dall'adorare in spirito e verità. Come dovremmo comportarci in modo da offrire a Dio servizi spirituali di culto che Egli sarà lieto di accettare?

1) Dobbiamo gioire sempre.

La vera gioia non deriva solo da motivi che rendono gioiosi, ma anche quando ci troviamo di fronte a questioni dolorose e difficili. Gesù Cristo stesso, che abbiamo accettato come nostro Salvatore, è per noi un motivo per gioire sempre perché Egli si è fatto carico di tutti le nostre maledizioni.

Quando eravamo sulla strada della distruzione, Egli ci ha riscattati dal peccato versando il Suo sangue. Ha preso su di Sè la nostra povertà e le nostre malattie, e ha allentato le catene inique di lacrime, dolore, afflizione e morte. Inoltre, ha distrutto l'autorità della morte ed è risorto, dandoci così la speranza della risurrezione e ci ha permesso di possedere la vera vita e il meraviglioso Cielo.

Se possediamo Gesù Cristo - attraverso la fede - come nostra fonte di gioia, non c'è niente altro per noi che gioire. Dal momento che avremo la meravigliosa speranza nell'aldilà dove ci sarà data la felicità eterna, anche se non abbiamo cibo e siamo oppressi da problemi in famiglia, anche se siamo circondati da afflizioni e persecuzioni, la realtà è, per noi, irrilevante. Fintanto che il nostro cuore è pieno di amore per Dio e non vacilla, e non è scossa la nostra speranza per il cielo, la gioia non potrà mai svanire. Così, quando i nostri cuori sono stati riempiti con la grazia di Dio e la speranza per il Cielo, la gioia sgorgherà in qualsiasi momento, e quindi le difficoltà saranno trasformate rapidamente in benedizioni.

2) Dobbiamo pregare senza sosta.

Ci sono tre significati per "pregare incessantemente." Il primo significato è pregare abitualmente. Anche Gesù, durante il Suo ministero, cercò luoghi tranquilli in cui poteva pregare "Come era solito." Daniele pregava tre volte al giorno regolarmente e anche Pietro e gli altri discepoli dedicavano tempo per la preghiera. Dobbiamo pregare abitualmente anche per raggiungere la giusta quantità di preghiera e per garantire che l'olio dello Spirito Santo non si esaurisca mai. Solo allora potremo capire la Parola di Dio durante i servizi di culto e ricevere la forza per vivere secondo la Parola.

Il secondo, "pregare incessantemente" è pregare nei tempi non prefissati o abituali. Ci sono momenti in cui lo Spirito Santo ci costringe a pregare anche al di fuori dei tempi in cui normalmente lo facciamo. Sentiamo spesso testimonianze di persone che hanno evitato difficoltà o erano stati protetti e custoditi da incidenti, quando hanno obbedito in preghiera in questi momenti.

Infine, "pregare incessantemente" è meditare giorno e notte sulla Parola di Dio. Indipendentemente da dove, con chi, o che cosa sta facendo una persona, la verità nel suo cuore deve essere viva e deve fare il suo lavoro attivamente.

La preghiera è il respirare per il nostro spirito. Proprio come la carne muore quando il respiro si ferma, cessare di pregare porterà ad un indebolimento e l'eventuale morte dello spirito. Si può dire che una persona "prega incessantemente" non solo quando prega in tempi stabiliti, ma anche quando medita sulla Parola giorno e notte, e vive di essa. Quando la Parola di Dio ha fatto una dimora nel cuore di questa persona, e questa persona inizia a condurre la sua vita in comunione con lo Spirito Santo, ogni aspetto della sua vita prospererà e sarà guidato in modo chiaro e intimamente dallo Spirito Santo.

Proprio come la Bibbia ci dice di "cercare prima il regno e la giustizia", quando preghiamo per il regno di Dio - la Sua provvidenza e la salvezza delle anime -, invece che per noi stessi, Dio ci benedice ancora più abbondantemente. Eppure, ci sono persone che pregano quando si trovano di fronte a difficoltà o quando sentono che qualcosa manca, per poi prendersi una pausa dalla preghiera quando sono in pace. Ci sono altri che pregano diligentemente quando sono pieni di Spirito Santo, ma interrompono quando perdono la pienezza.

Ciò nonostante, dobbiamo sempre raccogliere i nostri cuori e sollevare a Dio il profumo della preghiera con cui Egli si compiace. Potete immaginare quanto è struggente e difficile tirare fuori le parole contro la propria volontà per cercare di riempire semplicemente il tempo in preghiera, mentre si tenta di combattere la sonnolenza ed i pensieri oziosi. Quindi, se un credente considera di avere un certo grado di fiducia ma ha ancora tali difficoltà e sente che è gravoso parlare con Dio, non dovrebbe essere in imbarazzo nel confessare il suo "amore" per Dio? Se vi sentite come se, 'la mia preghiera è spiritualmente sorda e stagnante,' esaminate voi stessi per vedere quanto siete stati riconoscenti e gioiosi.

È certo che quando il cuore di una persona è sempre pieno di gioia e di gratitudine, la preghiera sarà nella pienezza dello Spirito Santo e non sarà stagnante, e penetrerà maggiormente in profondità. Una persona non avrà la sensazione che ha un'incapacità nel pregare. Invece, più difficile si fa, più si avrà sete della grazia di Dio, che lo costringerà a gridare a Dio anche più intensamente e la sua fede potrà solo crescere passo dopo passo.

Quando gridiamo in preghiera dal profondo del nostro cuore senza sosta, la preghiera porterà frutti abbondanti. Nonostante le prove che possiamo incontrare, dobbiamo osservare i tempi per la preghiera. E, nella misura in cui abbiamo gridato in preghiera, le profondità spirituali di fede e di amore cresceranno, e condivideremo la grazia con gli altri. Pertanto, è imperativo per noi pregare incessantemente nella gioia e gratitudine in modo da ricevere le risposte da Dio nella forma di meraviglioso frutto nello spirito e nella carne.

3) Dobbiamo rendere grazie in ogni cosa.

Quali ragioni avete per essere grati? Sopra ogni altra cosa c'è il fatto che noi, che eravamo destinati a morire, siamo stati salvati e possiamo entrare in Cielo. Il fatto che c'è stato dato tutto, compreso il nostro pane quotidiano e buona salute, è una ragione sufficiente per rendere grazie. Inoltre, possiamo essere grati a dispetto di tutte le afflizioni e le prove perché crediamo nel Dio Onnipotente.

Dio conosce ogni briciola delle nostre vicissitudini e ogni nostra situazione e ascolta tutte le nostre preghiere. Quando abbiamo fiducia in Dio fino alla fine, anche in mezzo a eventuali prove, Egli ci guiderà nel venire avanti ancora più meravigliosamente attraverso quegli stessi processi.

Quando siamo afflitti nel nome di Nostro Signore o anche quando ci troviamo di fronte a prove a causa dei nostri errori o carenze, se veramente abbiamo fiducia in Dio, troveremo che l'unica cosa che possiamo fare è rendere grazie. Quando abbiamo mancanze o non ci sentiamo all'altezza, saremo ancora più grati per la potenza di Dio, che rafforza e rende perfetti i deboli.

Anche quando la realtà che ci troviamo di fronte diventa sempre più difficile da gestire e sopportare, saremo in grado di rendere grazie con la nostra fede in Dio. Quando abbiamo reso grazie attraverso la fede fino in fondo, ogni cosa avrà operato per il bene e alla fine saranno trasformate in benedizioni.

Gioire sempre, pregando incessantemente, e rendere grazie in ogni cosa, sono tutti parametri con cui misuriamo la quantità di frutti che abbiamo portato nello spirito e nella carne attraverso la nostra vita nella fede. Quanto più una persona si sforza di gioire a prescindere dalle situazioni, semina semi di gioia e rende grazie dal profondo del cuore nella sua ricerca dei motivi per essere grata, più frutto di gioia e di gratitudine porterà. È lo stesso con la preghiera; tanto più sforzo facciamo nella preghiera, maggiore forza e risposte raccoglieremo come frutti.

Pertanto, offrendo a Dio ogni giorno servizi spirituali di culto che Egli desidera e con il quale Egli si compiace, in una vita in cui ci si rallegra sempre, in cui pregate incessantemente, e rendete grazie (1 Tessalonicesi 5:16-18), spero che tutto questo vi porti grandi e abbondanti frutti nello spirito e nella carne.

Capitolo 2

Offerta nel Vecchio Testamento come riportata nel Levitico

"Il Signore chiamò Mosè, gli parlò dalla tenda di convegno e gli disse: «Parla ai figli d'Israele e di' loro: 'Quando qualcuno di voi vorrà portare un'offerta al Signore, offrirete bestiame grosso o minuto'»."

Levitico 1:1-2

1. Importanza del Levitico

Si dice spesso che l'Apocalisse nel Nuovo Testamento e il Levitico nel Vecchio Testamento siano le parti della Bibbia più difficili da comprendere. Per questo motivo, durante la lettura della Bibbia alcune persone saltano quelle parti, mentre altre pensano che le leggi in materia di offerta ai tempi dell'Antico Testamento non siano, per noi, rilevanti al giorno d'oggi. Tuttavia, se tali parti fossero davvero irrilevanti per noi, non vi sarebbe stata alcuna ragione per Dio nel lasciarci quei libri della Bibbia. Dal momento che ogni parola nel Nuovo Testamento, così come nell'Antico Testamento, è necessaria alla nostra vita in Cristo, Dio ha permesso che fossero scritte nella Bibbia (Matteo 5:17-19).

Le leggi in materia di offerta ai tempi dell'Antico Testamento non devono essere abbandonate ai tempi del Nuovo Testamento. Tra l'altro, le norme sulle offerte nel Vecchio Testamento sono state rispettate da Gesù nel Nuovo Testamento, così come il resto della Legge. Le implicazioni dei significati delle leggi relative alle offerte del Vecchio Testamento sono contenute in ogni fase del culto moderno nel santuario di Dio e le offerte del tempo dell'Antico Testamento di Dio sono equivalenti alla liturgia nei servizi di culto oggi. Una volta che abbiamo compreso con precisione le leggi dell'offerta del Vecchio Testamento e il loro significato, saremo in grado di trovare un modo più rapido verso le benedizioni dove incontreremo e sperimenteremo Dio, comprendendo come adorarLo e servirLo correttamente.

Il Levitico è una parte della Parola di Dio che si applica oggi a tutti coloro che credono in Lui. Questo perché, come leggiamo in 1 Pietro 2:5, "Anche voi, come pietre viventi, siete edificati per formare una casa spirituale, un sacerdozio santo, per offrire sacrifici spirituali, graditi a Dio per mezzo di Gesù Cristo," chiunque ha ricevuto la salvezza per mezzo di Gesù Cristo, può andare davanti a Dio, proprio come avevano fatto i sacerdoti ai tempi dell'Antico Testamento.

Il Levitico è diviso grosso modo in due parti. La prima parte si concentra principalmente su come sono perdonati i nostri peccati. È composta essenzialmente dalle leggi inerenti i sacrifici affinché si possa essere perdonati dai peccati. Descrive anche le qualifiche e le responsabilità dei sacerdoti incaricati delle offerte tra Dio e il popolo. La seconda parte registra in grande dettaglio i peccati che Dio ha deciso che il Suo popolo santo non avrebbe mai dovuto commettere. In sintesi, ogni credente deve imparare la volontà di Dio che troverà nel Levitico, che sottolinea come mantenere il rapporto sacro con Dio.

Le leggi sui sacrifici nel Levitico spiegano la metodologia di come dobbiamo adorare. Proprio come oggi noi incontriamo Dio e riceviamo da Lui le risposte e benedizioni attraverso i servizi di culto, le persone ai tempi dell'Antico Testamento ricevevano il perdono dei peccati e sperimentavano le opere di Dio attraverso i sacrifici. Dopo Gesù Cristo, tuttavia, lo Spirito Santo ha fatto una dimora dentro di noi e ci è permesso avere comunione con Dio, come noi lo adoriamo in spirito e verità attraverso le opere dello Spirito Santo.

Ebrei 10:1 ci dice, "La legge, infatti, possiede solo un'ombra dei beni futuri, non la realtà stessa delle cose. Perciò con quei sacrifici, che sono offerti continuamente, anno dopo anno, essa non può rendere perfetti coloro che si avvicinano a Dio." Se c'è una forma, esiste anche un'ombra di quella forma. Oggi, la "forma" è il fatto che siamo in grado di adorare per mezzo di Gesù Cristo, mentre ai tempi dell'Antico Testamento, le persone mantenevano le loro relazioni con Dio attraverso i sacrifici, che erano l'ombra.

Le offerte a Dio devono essere date in base alle regole che Lui ha posto; Dio non accetta l'adorazione offerta da una persona che ha dato secondo i propri stili. In Genesi 4, troviamo che mentre Dio ha accettato offerte da Abele, che aveva seguito la volontà di Dio, non ebbe alcun riguardo per le offerte di Caino, che aveva ideato propri metodi di sacrifici.

Allo stesso modo, vi è adorazione con cui Dio si compiace, e adorazione che va fuori dalle Sue regole e, quindi, diventa irrilevante a Dio. Ciò che trovate nelle leggi sulle offerte nel Levitico sono informazioni pratiche sul tipo di adorazione attraverso la quale possiamo ricevere risposte e benedizioni di Dio e con il quale Egli si compiace.

2. Dio chiamò Mosè dalla tenda di convegno

In Levitico 1:1 leggiamo, "Il Signore chiamò Mosè, gli parlò dalla tenda di convegno e gli disse ..." La tenda di convegno era un santuario mobile che facilitava i rapidi movimenti del popolo d'Israele che viveva nel deserto, ed è dove Dio chiamò Mosè. La tenda di convegno si riferisce al tabernacolo costituito dal

Santuario e dal Luogo Santissimo (Esodo 30:18, 30:20, 39:32 e 40:2). Può anche riferirsi collettivamente alla tenda, nonché al tendaggio che avvolge la tenda (Numeri 4:31, 8:24).

Dopo l'esodo e durante il loro viaggio verso la terra di Canaan, il popolo di Israele trascorse molto tempo nel deserto, dove era costantemente in movimento. Per questo motivo il tempio in cui venivano fatte le offerte a Dio non poteva essere costruito da un impianto fisso, ma era costituito da un tabernacolo che poteva essere facilmente spostato. Per questo motivo, la struttura è anche chiamata il "tempio del tabernacolo."

In Esodo 35-39 sono elencati dettagli specifici sulla costruzione del tabernacolo. Dio Stesso ha dato a Mosè i dettagli della struttura del tabernacolo e dei materiali da utilizzare per la sua costruzione. Quando Mosè parlò alla comunità circa i materiali necessari per la costruzione del tabernacolo, tutti dissero che avrebbero portato volentieri così tanti e tali materiali utili come oro, argento, bronzo e vari tipi di pietre; stoffe di colore violaceo, porporino e scarlatto e lino fino e pelo di capra; pelli di montone e di delfino, tanto che Mosè ha dovuto fermare le persone dal portarne più (Esodo 36:5-7).

Il tabernacolo è stato quindi costruito con doni offerti volontariamente dalla comunità. Per gli Israeliti che erano in cammino verso Canaan dopo aver lasciato l'Egitto come se fossero in fuga, i costi di costruzione del tabernacolo non furono bassi. Non avevano case o terreni. Non potevano conservare ricchezza attraverso l'agricoltura. Tuttavia, grazie all'anticipazione della promessa da parte di Dio, il quale aveva detto che avrebbe dimorato in mezzo a loro una volta preparata una dimora per

Lui, il popolo di Israele sopportò tutti i costi e gli sforzi con gioia e letizia. Per il popolo di Israele, che aveva sofferto a lungo per la fatica e per gravi abusi, una cosa per cui era assetato più di ogni altra cosa, era la libertà dalla schiavitù. Pertanto, dopo averlo liberato dall'Egitto, Dio comandò la costruzione del tabernacolo per poter dimorare in mezzo a loro. Il popolo d'Israele non aveva alcun motivo per ritardarne la costruzione, e il tabernacolo in tal modo venne costruito, con la devozione gioiosa degli Israeliti come suo fondamento.

Immediatamente all'ingresso del tabernacolo c'è il 'santuario', e attraversandolo all'interno c'è il "Luogo Santissimo." Questo è il luogo più sacro. Il Luogo Santissimo ospita l'Arca della Testimonianza (l'Arca dell'Alleanza). Il fatto che l'Arca della Testimonianza, che contiene la Parola di Dio, è nel Luogo Santissimo serve a ricordare la presenza di Dio. Mentre il tempio nella sua interezza è un luogo sacro come la casa di Dio, il Luogo Santissimo è un posto particolarmente messo da parte e considerato come il più santo di tutti i luoghi. Anche al sommo sacerdote era permesso entrare nel Luogo Santissimo solo una volta all'anno, che corrispondeva al momento di offrire un sacrificio a Dio per il peccato del popolo. Alla gente comune era proibito entrarci. Questo perché i peccatori non potevano mai andare davanti a Dio.

Eppure, con Gesù Cristo tutti noi abbiamo guadagnato il privilegio di poter andare davanti a Dio. In Matteo 27:50-51 leggiamo: "E Gesù, avendo di nuovo gridato con gran voce, rese lo spirito. Ed ecco, la cortina del tempio si squarciò in due, da cima a fondo, la terra tremò, le rocce si schiantarono." Quando Gesù ha offerto Se Stesso attraverso la morte sulla croce per redimerci dal peccato, il velo che era rimasto in piedi tra il Luogo Santissimo e noi, è stato strappato in due.

Su questo concetto, Ebrei 10:19-20 approfondisce, "Avendo dunque, fratelli, libertà di entrare nel luogo santissimo per mezzo del sangue di Gesù, per quella via nuova e vivente che egli ha inaugurata per noi attraverso la cortina, vale a dire la sua carne." Questo velo che si squarcia appena Gesù ha sacrificato il Suo corpo nella morte, sta a indicare il crollo del muro del peccato tra noi e Dio. Ora, chiunque crede in Gesù Cristo può ricevere il perdono dei peccati ed accedere al percorso che è stato lastricato per andare davanti al Santo Dio. Mentre nel passato solo i sacerdoti potevano andare davanti a Dio, ora possiamo avere comunione diretta e intima con Lui.

3. Significato spirituale della tenda di convegno

Che significato ha oggi per noi la tenda di convegno? La tenda di convegno è la chiesa dove i credenti oggi adorano, il Santuario è il corpo di credenti che hanno accettato il Signore, e il Luogo Santissimo è il nostro cuore in cui dimora lo Spirito Santo. 1 Corinzi 6:19 ci ricorda: "Non sapete che il vostro corpo è il tempio dello Spirito Santo che è in voi e che avete ricevuto da Dio? Quindi non appartenete a voi stessi." Dopo che abbiamo accettato Gesù come Salvatore ci viene dato lo Spirito Santo come dono di Dio. Dal momento che lo Spirito Santo dimora in noi, il nostro cuore e il nostro corpo sono un tempio sacro.

In 1 Corinzi 3:16-17 leggiamo anche: "Non sapete che siete il tempio di Dio e che lo Spirito di Dio abita in voi? Se uno guasta il tempio di Dio, Dio guasterà lui; poiché il tempio di Dio è santo; e questo tempio siete voi." Così come dobbiamo mantenere il tempio visibile di Dio puro e santo in ogni momento, dobbiamo mantenere puro e santo anche il nostro corpo e il nostro cuore, come dimora dello Spirito Santo.

Leggiamo che Dio distruggerà chiunque distrugge il tempio di Dio. Se qualcuno è figlio di Dio e ha accettato lo Spirito Santo, ma continua a distruggere se stesso, lo Spirito Santo si spegnerà e non ci sarà salvezza per quella persona. Solo quando custodiamo il tempio in cui dimora lo Spirito Santo Santo con la nostra condotta e il nostro cuore, possiamo raggiungere la salvezza completa e in comunione diretta e intima con Dio.

Pertanto, il fatto che Dio chiamò Mosè dalla tenda di convegno significa che lo Spirito Santo ci sta chiamando da dentro noi stessi, ed è alla ricerca di comunione con noi. È naturale per i figli di Dio che hanno ricevuto la salvezza, avere comunione con Dio Padre. Essi devono pregare per opera dello Spirito Santo e adorarLo in spirito e verità nella comunione intima con Dio.

La gente ai tempi dell'Antico Testamento non era in grado di avere comunione con il Santo Dio a causa del loro peccato. Solo il sommo sacerdote poteva entrare nel Luogo Santissimo all'interno del tabernacolo e fare offerte a Dio in nome del popolo. Oggi, a qualsiasi figlio di Dio è permesso entrare nel santuario per adorare, pregare e avere comunione con Dio. Questo perché Gesù Cristo ci ha redenti da tutti i peccati.

Sin da quando abbiamo accettato Gesù Cristo, lo Spirito Santo abita nel nostro cuore, che considera come il Luogo Santissimo. Inoltre, proprio come Dio chiamò Mosè dalla tenda di convegno, lo Spirito Santo ci chiama dalle profondità del nostro cuore e desidera avere comunione con noi. Permettendoci di ascoltare la Sua voce e ricevere la Sua guida, lo Spirito Santo ci porta a vivere nella verità e capire Dio. Al fine di ascoltare la voce dello Spirito Santo, dobbiamo gettare via il peccato e il male dal nostro cuore e diventare santificati. Una volta che abbiamo raggiunto la santificazione, saremo in grado di ascoltare la voce dello Spirito Santo e le benedizioni abbonderanno chiaramente sia nello spirito sia nella carne.

4. La forma della tenda di convegno

La forma della tenda di convegno è molto semplice. Bisogna passare oltre il cancello, la cui larghezza è di circa nove metri (circa 29,5 piedi) ad est del tabernacolo. Entrando nel cortile del tabernacolo, si passa per l'altare degli olocausti fatto di bronzo. Tra questo altare e il Santuario c'è un vaso o catino, oltre c'è il Santuario e poi il Luogo Santissimo che è il nucleo della tenda di convegno.

Le dimensioni del tabernacolo, composto dal Santuario e dal Luogo Santissimo sono quattro metri e mezzo (circa 14,7 piedi) di larghezza, 13,5 metri (circa 44,3 piedi) di lunghezza, e quattro metri e mezzo (circa 14,7 piedi) in altezza. L'edificio erge

Struttura della tenda di convegno

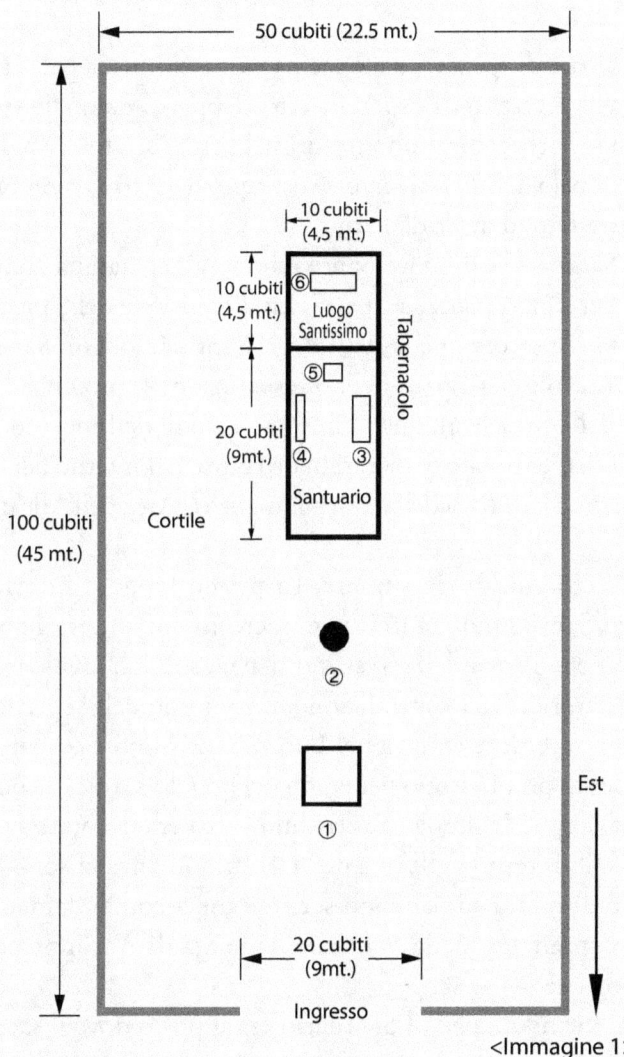

<Immagine 1>

Dimensioni
Cortile: 100 x 50 x 5 cubiti
Ingresso: 20 x 5 cubiti
Tabernacolo: 30 x 10 x 10 cubiti
Santuario: 20 x 10 x 10 cubiti
Luogo Santissimo: 10 x 10 x 10 cubiti
(* 1 cubito = circa 45 cm.)

Utensili
1) Altare degli olocausti
2) Conca
3) Tavolo per il Pane della Presenza
4) Candelabro d'oro puro
5) Altare dell'incenso
6) Arca della Testimonianza (Arca dell'Alleanza)

su una base d'argento, con le sue pareti costituite da pali di legno di acacia rivestito di oro, e il tetto ricoperto da quattro strati di tende. I cherubini sono tessuti nel primo strato; il secondo è fatto di pelo di capra; il terzo è costituito da pelli di montone e il quarto è fatto di pelle di delfini.

Il Santuario e il Luogo Santissimo sono separati da una tenda con cherubini tessuti su di esso. La dimensione del Santuario è doppio rispetto a quella del Luogo Santissimo. Nel Santuario c'è un tavolo per i pani della presentazione (noto anche come pane della presenza), una lampada e l'altare dell'incenso. Tutti questi elementi sono realizzati in oro puro. All'interno del Luogo Santissimo c'è l'Arca della Testimonianza (l'Arca dell'Alleanza).

Cerchiamo di riassumere. In primo luogo, l'interno del Luogo Santissimo era un luogo sacro in cui abitava Dio dove c'era anche l'Arca della Testimonianza, sopra la quale vi era il propiziatorio. Una volta all'anno, nel Giorno dell'Espiazione, il sommo sacerdote entrava nel Luogo Santissimo e cospargeva il sangue sul propiziatorio per conto del popolo al fine di compiere l'espiazione. Nel Luogo Santissimo tutto era decorato con oro puro. All'interno dell'Arca della Testimonianza ci sono le due tavole di pietra su cui sono scritti i dieci comandamenti, un vaso contenente della manna, e la verga di Aaronne che era germogliata.

In secondo luogo, il Santuario era il posto dove il sacerdote sarebbe entrato per dare le offerte, e lì vi era l'altare dell'incenso, un candelabro e il tavolo per il Pane della Presenza, che erano tutti d'oro.

Immagine

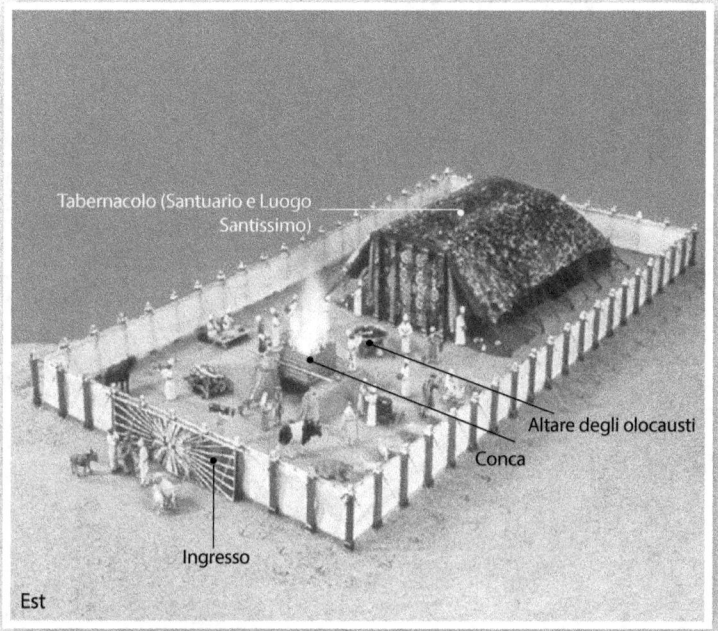

<Immagine 2>

Vista panoramica della Tenda di Convegno

All'interno del cortile ci sono l'altare degli olocausti (Esodo 30:28), una conca (Esodo 30:18) e il Tabernacolo (Esodo 26 :1, 36:8), e sulla corte vi è un drappeggio di lino ritorto. C'è un solo ingresso ad est del Tabernacolo (Esodo 27: 13-16) che simboleggia Gesù Cristo, l'unica porta della salvezza.

Immagine

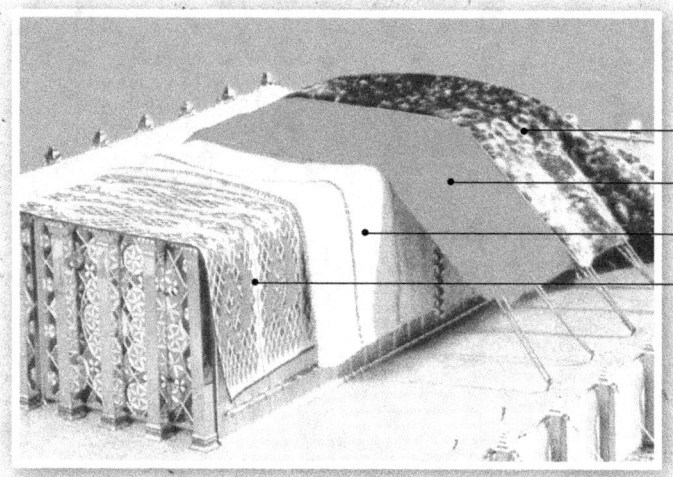

Pelli di delfino
Pelli di montone
Tende di peli di capra
Tende ricamate con Cherubini

<Immagine 3>

Rivestimenti per il Tabernacolo

Quattro strati di rivestimenti stesi sul tabernacolo.
Nella parte inferiore ci sono le tende ricamate con cherubini; su di esse, le tende di pelo di capra; su queste, vi sono le pelli di montone e sulla cima le pelli di delfino. Nell'immagine 3, i rivestimenti sono mostrati in modo che ogni livello sia visibile. Con i rivestimenti scoperti, sono visibili le tende per il Santuario di fronte al Santuario, e dietro, l'altare dell'incenso e le tende del Luogo Santissimo.

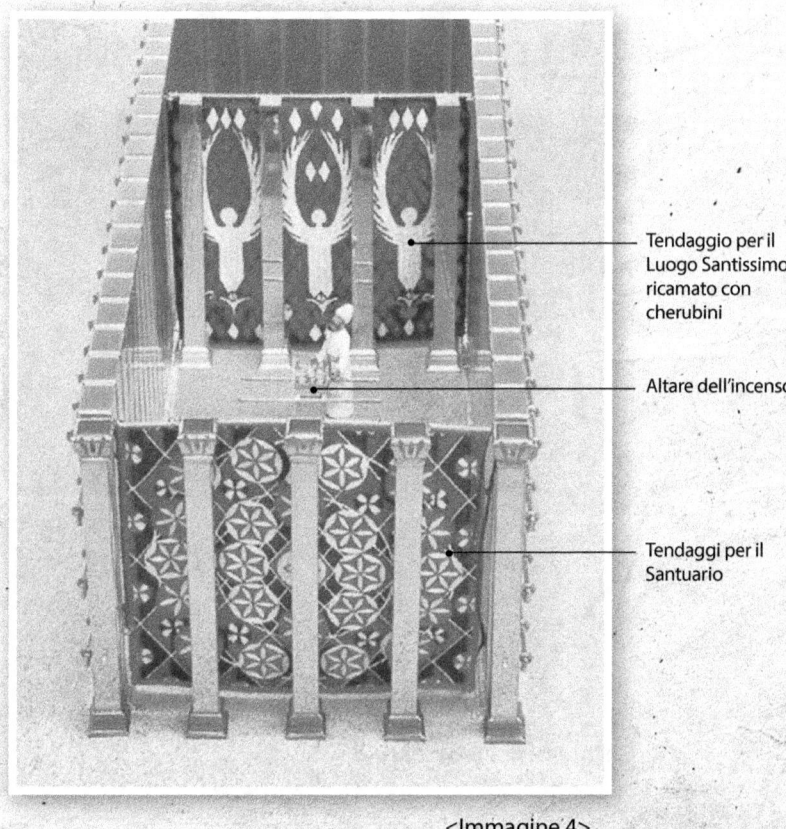

<Immagine 4>

Vista del Santuario senza copertura

Davanti, i paramenti per il Santuario, e visibile dietro, l'altare per l'incenso e le tende del Luogo Santissimo.

Immagine

Altare dell'incenso

Candelabro

Tavola per Pane della Presenza

<Immagine 5>

Gli Interni del Tabernacolo

Al centro del Santuario c'è il candelabro d'oro puro (Esodo 25:31), la tavola per il pane della Presenza (Esodo 25:30), e sulla parte posteriore vi è l'altare dell'incenso (Esodo 30:27).

Altare dell'incenso

Tavola del Pane della Presenza

Candelabro

Immagine

<Immagine 9>

L'interno del Luogo Santissimo

La parete posteriore del Santuario è stata rimossa per permettere che sia visibile l'interno del Luogo Santissimo. Sono visibili l'Arca della Testimonianza, il Propiziatorio e le tende del Luogo Santissimo verso il retro. Una volta all'anno, il sommo sacerdote vestito di bianco entra nel Luogo Santissimo e spruzza il sangue del sacrificio espiatorio.

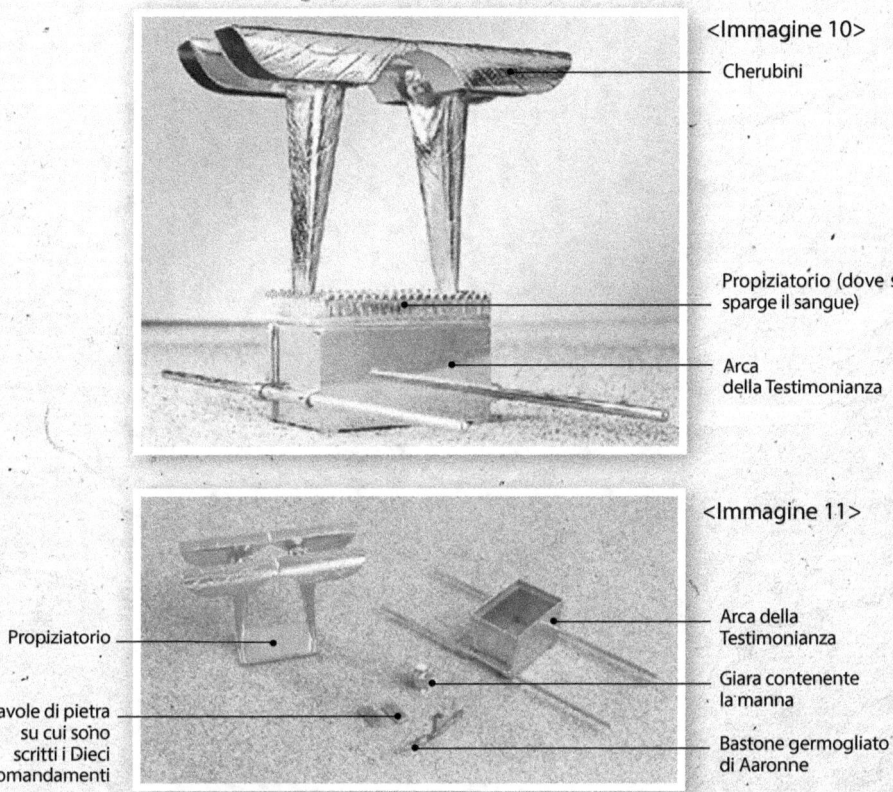

<Immagine 10>
- Cherubini
- Propiziatorio (dove si sparge il sangue)
- Arca della Testimonianza

<Immagine 11>
- Propiziatorio
- Tavole di pietra su cui sono scritti i Dieci Comandamenti
- Arca della Testimonianza
- Giara contenente la manna
- Bastone germogliato di Aaronne

L'Arca della Testimonianza e il Propiziatorio

All'interno del Luogo Santissimo vi è l'Arca della Testimonianza fatta di oro puro, e sopra l'Arca, vi è il Propiziatorio. Il Propiziatorio si riferisce ai rivestimenti dell'Arca della Testimonianza (Esodo 25:17-22), e lì viene sparso il sangue una volta all'anno. Alle due estremità del Propiziatorio ci sono i due cherubini le cui ali coprono il Propiziatorio (Esodo 25:18-20). All'interno dell'Arca della Testimonianza ci sono le tavole di pietra su cui sono scritti i Dieci Comandamenti, una giara contenente la manna e il bastone germogliato di Aaronne.

Immagine

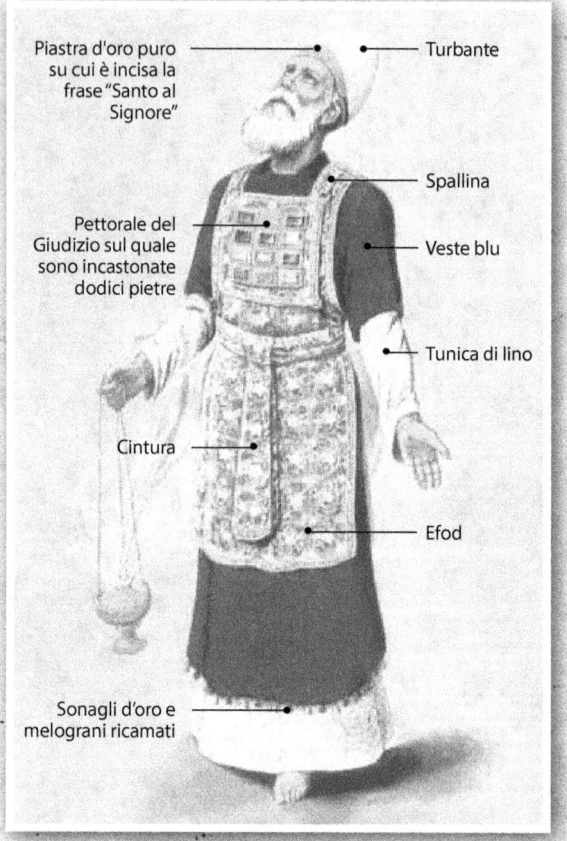

<Immagine 12>

Indumenti del Sommo Sacerdote

Al Sommo Sacerdote è affidata la manutenzione del Tempio e la supervisione dei servizi delle offerte, e una volta l'anno entra nel Luogo Santissimo per fare un'offerta a Dio. Ai successori alla carica di Sommo sacerdote era richiesto di possedere l'Urim e il Tummim. Queste due pietre, che venivano utilizzate per discernere la volontà di Dio, erano collocate nel pettorale all'altezza del cuore sull'efod indossato dal sacerdote. L'"Urim" rappresenta le luci e il "Tummim," la perfezione.

In terzo luogo, la conca era un vaso di bronzo. La conca conteneva acqua dove i sacerdoti avrebbero lavato le mani ed i piedi prima di entrare nel Santuario, e i sommi sacerdoti che dovevano entrare nel Luogo Santissimo.

In quarto luogo, l'altare degli Olocausti fatto di bronzo era abbastanza forte per resistere al fuoco. Il fuoco sull'altare "uscì dalla presenza del Signore", quando il tabernacolo fu completato (Levitico 9:24). Dio comandò anche che il fuoco sull'altare fosse tenuto acceso continuamente, senza mai spegnersi, e ogni giorno, per sempre, due agnelli di un anno fossero offerti sull'altare (Esodo 29:38-43; Levitico 6:12-13).

5. Significato spirituale delle offerte con bestiame grosso o minuto

In Levitico 1:2, Dio disse a Mosè: Parla ai figli d'Israele e di' loro: "Quando qualcuno di voi vorrà portare un'offerta al Signore, offrirete bestiame grosso o minuto." Durante i servizi di culto, i figli di Dio fanno vari tipi di offerta. Oltre alla decima, ci sono offerte tra cui il rendere grazie, costruire la chiesa e dare sollievo. Eppure, Dio comanda che se qualcuno vuole portarGli un'offerta, l'offerta dovrà essere di "bestiame grosso o minuto". Poiché questo versetto contiene un significato spirituale, non siamo chiamati a fare quello che il verso comanda letteralmente, ma prima è necessario che comprendiamo il significato spirituale e poi agiamo secondo la volontà di Dio.

Che significato spirituale c'è nell'offerta di bestiame grosso o minuto? Significa che dobbiamo adorare Dio in spirito e verità e offrire noi stessi come sacrificio vivente e santo. Questo è il "culto spirituale" (Romani 12:1). Dobbiamo sempre stare in allerta nella preghiera e comportarci in modo sacro davanti a Dio, non solo durante i servizi di culto, ma anche nella nostra vita quotidiana. Poi, la nostra adorazione e tutte le nostre offerte saranno date a Dio come sacrificio vivente e santo, che Dio considererà come culto spirituale.

Perché Dio ha comandato il popolo di Israele di offrirgli, tra tanti animali, bestiame grosso o minuto nello specifico tori ed agnelli? I tori e gli agnelli, fra tutti gli animali, rappresentano maggiormente in modo appropriato Gesù, che è diventato un sacrificio di ringraziamento per la salvezza del genere umano. Cerchiamo di esplorare le similitudini tra 'toro' e Gesù.

1) I tori portano i fardelli dell'uomo.

Proprio come i tori portano i fardelli dell'uomo, Gesù ha portato il nostro peso del peccato. In Matteo 11:28 Egli ci dice, "Venite a me, voi tutti che siete affaticati e oppressi, e io vi darò riposo." Le persone si sforzano e fanno ogni tipo di fatica per raggiungere ricchezza, onore, conoscenza, fama, prestigio e potere e tutto quello che desiderano. In cima ad una varietà di pesi, l'uomo porta anche il peso del peccato e vive la sua vita in mezzo a prove, afflizioni e tormento.

Ora, Gesù ha assunto gli oneri e carichi di ogni vita diventando un'offerta, versando il sangue di espiazione, essendo crocifisso su una croce di legno. Per fede nel Signore, l'uomo può scaricare tutti i suoi problemi e i pesi del peccato, e godere di pace e riposo.

2) I tori non causano problemi all'uomo; l'uomo ne trae solo benefici.

I tori non solo forniscono manodopera per l'uomo in obbedienza, ma gli danno anche carne e pelli. Dalla testa fino allo zoccolo, nessuna parte di un toro è inutile. Anche Gesù è stato per l'uomo solo un beneficio. Testimoniando il vangelo del Cielo ai poveri, ai malati e agli abbandonati, diede loro conforto e speranza, sciolse le catene della malvagità, e guarì dalle malattie e dalle infermità. Anche se non poteva dormire o mangiare, Gesù ha fatto ogni sforzo per insegnare la Parola di Dio a quell'ultima anima, in ogni modo possibile. Offrendo la sua vita sulla croce, Gesù aprì la via della salvezza ai peccatori destinati all'inferno.

3) I tori forniscono nutrimento per l'uomo con la loro carne.

Gesù ha dato all'uomo la Sua carne ed il Suo sangue in modo che l'uomo potesse farne pane per sé. In Giovanni 6:53-54 Egli ci dice, "In verità, in verità vi dico che se non mangiate la carne del Figlio dell'uomo e non bevete il suo sangue, non avete vita in voi. Chi mangia la mia carne e beve il mio sangue ha vita eterna; e io lo risusciterò nell'ultimo giorno."

Gesù è la Parola di Dio, che è venuta in questo mondo in carne. Quindi, mangiare la carne di Gesù e bere il Suo sangue, significa fare pane della Parola di Dio e vivere secondo essa. Proprio come l'uomo può vivere mangiando e bevendo, possiamo ottenere la vita eterna ed entrare nel Cielo solo mangiando e facendo pane della Parola di Dio.

4) I tori arano la terra trasformandola in terreno fertile.

Gesù coltiva il cuore-campo dell'uomo. In Matteo 13 c'è una parabola che mette a confronto il cuore dell'uomo a quattro diversi tipi di campi: il ciglio della strada; un campo roccioso; un campo di spine e un campo di buon terreno. Poiché Gesù ci ha riscattati da tutti i nostri peccati, lo Spirito Santo ha fatto una dimora nei nostri cuori e ci dà la forza. I nostri cuori possono essere trasformati in buon terreno con l'aiuto dello Spirito Santo. Appena iniziamo ad avere fiducia nel sangue di Gesù, che ha permesso che fossimo perdonati da tutti i peccati, e diligentemente ubbidiamo alla verità, i nostri cuori si trasformano in terreno fertile, ricco e buono, e saremo in grado di ricevere le benedizioni nello spirito e nella carne, raccogliendo 30, 60 e 100 volte quello che abbiamo seminato.

E poi, quali somiglianze ci sono tra gli agnelli e Gesù?

1) Gli agnelli sono miti.

Quando si parla di persone miti e gentili, di solito le paragoniamo alla mitezza di un agnello. Gesù è il più delicato di tutti gli uomini. Di Gesù, in Isaia 42:3 si legge: "Non frantumerà la canna rotta e non spegnerà il lucignolo fumante; manifesterà la giustizia secondo verità." Anche con i malvagi e con i pervertiti o con coloro che si sono pentiti ma riprendono a peccare, Gesù è paziente fino alla fine, in attesa che si convertono. Anche se Gesù è il Figlio di Dio Creatore e ha l'autorità per distruggere tutta l'umanità, è rimasto paziente con noi e ha mostrato il Suo amore, anche ai malfattori che lo stavano crocifiggendo.

2) L'agnello è obbediente.

Un agnello segue in obbedienza dovunque il suo pastore lo guida, e rimane con lui anche quando viene tosato. Come si legge in 2 Corinzi 1:19, "Perché il Figlio di Dio, Cristo Gesù, che è stato da noi predicato fra voi, cioè da me, da Silvano e da Timoteo, non è stato «sì» e «no», ma è sempre stato «sì» in lui," Gesù non ha insistito sulla propria volontà, ma è rimasto obbediente a Dio fino alla Sua morte. Durante la sua vita, Gesù è andato solo nei posti che sceglieva Dio, e ha fatto solo ciò che Dio ha voluto che facesse. Alla fine, anche se conosceva molto bene l'angoscia imminente della croce, Egli sopportò in obbedienza al fine di compiere la volontà del Padre.

3) Un agnello è puro.

Qui, si intende un agnello di un anno di vita che non si è ancora accoppiato (Esodo 12:5). Un agnello a questa età può essere paragonato ad una persona adorabile e pura nella sua gioventù - o al Gesù senza colpa e senza macchia. Gli agnelli danno anche pellicce, carne e latte; non fanno mai del male, anzi sono solo di beneficio per le persone. Come accennato in precedenza, Gesù ha offerto la Sua carne ed il Suo sangue, e ci ha dato l'ultimo pezzo di se stesso. In completa obbedienza a Dio Padre, Gesù ha compiuto la volontà di Dio e distrutto il muro del peccato tra Dio e i peccatori. Ancora oggi, Egli coltiva continuamente i nostri cuori in modo che possano trasformarsi in terreno puro e fertile.

Proprio come l'uomo ai tempi dell'Antico Testamento è

stato riscattato dai suoi peccati per mezzo dei tori e degli agnelli, Gesù ha offerto se stesso in sacrificio sulla croce e compiuta la redenzione eterna mediante il Suo sangue (Ebrei 9:12). Poiché noi crediamo in questo fatto, dobbiamo chiaramente capire come Gesù sia diventato un sacrificio degno dell'accettazione di Dio, così che noi possiamo rimanere sempre grati per l'amore e la grazia di Gesù Cristo, e somigliare alla Sua vita.

Capitolo 3

L'olocausto

"Il sacerdote farà fumare ogni cosa [il giovane toro] sull'altare, come olocausto, sacrificio di profumo soave, consumato dal fuoco per il Signore."

Levitico 1:9

1. Importanza dell'olocausto

L'olocausto, la prima di tutte le offerte registrate nel Levitico, è la più antica di tutte le offerte. L'etimologia del termine "olocausto" è "farlo sollevare". Un olocausto è un sacrificio posto sull'altare, completamente consumato dal fuoco. Simboleggia l'intero sacrificio dell'uomo, la sua devozione e il servizio volontario. Compiacendo Dio con l'aroma fragrante della combustione dell'animale offerto in sacrificio, l'olocausto è il metodo più comune per dare un'offerta e serve come segno del fatto che Gesù ha sopportato il nostro peccato e si è offerto come sacrificio totale, diventando così un'offerta profumata a Dio (Efesini 5:2).

Compiacere Dio con profumo soave non significa che Dio sente l'odore dell'animale offerto. Significa che Egli accetta il profumo del cuore della persona che gli ha dato l'offerta. Dio esamina fino a che punto quella persona teme Dio e con quale tipo di amore quella stessa persona dà l'offerta a Dio. Solo poi, riceve la devozione e l'amore della persona.

Uccidere un animale per darlo a Dio come olocausto significa dare a Dio la nostra stessa vita, obbedendo a tutto ciò che Egli ci ha comandato. In altre parole, il significato spirituale dell'olocausto è vivere totalmente della Parola di Dio, offrendo a Lui ogni aspetto della nostra vita in modo puro e santo.

Dal punto di vista odierno, è l'espressione del nostro cuore nel promettere di dare la nostra vita a Dio secondo la Sua volontà, frequentando i servizi a Pasqua, alla festa della mietitura, alla festa del Ringraziamento, a Natale e in ogni Giorno Santo del Signore. Adorare Dio nel giorno a Lui dedicato e osservare il Giorno Santo del Signore serve come prova che siamo figli di Dio e che i nostri spiriti appartengono a Lui.

2. Un sacrificio per l'olocausto

Dio comandò che un'offerta in olocausto dovesse essere "un maschio senza difetto", che simboleggia la perfezione. Voleva maschi perché generalmente dovrebbero essere più fedeli ai loro principi di quanto lo siano le femmine. Essi non vacillano avanti e indietro e a sinistra e destra, non sono furbi e non esitano. Inoltre, il fatto che Dio vuole che l'offerta sia "senza difetti" significa adorarlo in spirito e verità, e non con spirito infranto.

Quando facciamo un regalo ai nostri genitori, saranno lieti di riceverlo se lo diamo con amore e cura. Se lo diamo a malincuore, i nostri genitori non possono accettarlo con gioia. Per lo stesso motivo, Dio non accetterà l'adorazione offerta a Lui senza gioia o fatta con fatica, sonnolenza o con pensieri oziosi. Egli gioisce nell'accettare la nostra adorazione solo quando le profondità del nostro cuore sono pieni di speranza per il Cielo, gratitudine per la grazia della salvezza e amore di Nostro Signore. Solo allora Dio ci dà la via di fuga nei momenti di tentazione e afflizione, e consente che prosperiamo in ogni cosa.

Il "vitello" che Dio ha comandato fosse offerto in Levitico 1:5 si riferisce ad un giovane toro che non si è ancora accoppiato, e spiritualmente si riferisce alla purezza e integrità di Gesù Cristo. Pertanto, in questo verso vi è il desiderio di Dio per noi di andare davanti a Lui con cuore puro e sincero come quello di un bambino. Egli non vuole che ci comportiamo in modo infantile o immaturo, ma vuole che noi inseguiamo il cuore di un bambino che è semplice, obbediente e umile.

In un vitello le corna non si sono ancora formate, quindi non trafigge e non procura male. Questi tratti sono quelli di Gesù Cristo che è dolce, umile e mite come un bambino. Come Gesù Cristo è il Figlio innocente e perfetto di Dio, anche un'offerta che viene paragonata a Lui deve essere senza colpa e senza macchia. In Malachia 1:6-8 Dio rimprovera severamente il popolo d'Israele che ha fatto offerte viziate e imperfette:

"Un figlio onora suo padre e un servo il suo padrone; se dunque io sono padre, dov'è l'onore che mi è dovuto? Se sono padrone, dov'è il timore che mi è dovuto? Il Signore degli eserciti parla a voi, o sacerdoti, che disprezzate il mio nome! Ma voi dite: "In che modo abbiamo disprezzato il tuo nome?" Voi offrite sul mio altare cibo contaminato, ma dite: "In che modo ti abbiamo contaminato?" Lo avete fatto dicendo: "La tavola del Signore è spregevole". Quando offrite in sacrificio una bestia cieca, non è forse male? Quando ne offrite una zoppa o malata, non è forse male? Presentala dunque al tuo governatore! Te ne sarà egli grato? Ti accoglierà forse con favore?», dice il Signore degli eserciti."

Dobbiamo dare a Dio un sacrificio senza macchia, irreprensibile e perfetto adorandoLo in spirito e verità.

3. Significato nei vari tipi di offerte

Il Dio della giustizia e della misericordia guarda al cuore dell'uomo. Pertanto, è interessato non nella dimensione, nel valore o nel costo dell'offerta, ma nella misura della cura con cui ogni persona ha dato con fede secondo le sue condizioni. Come Egli ci dice in 2 Corinzi 9:7, "Dia ciascuno come ha deliberato in cuor suo; non di mala voglia né per forza, perché Dio ama un donatore gioioso," Dio accetta volentieri ciò che gli offriamo con gioia secondo la nostra condizione.

In Levitico 1, Dio spiega in dettaglio come devono essere offerti i vitelli, gli agnelli, le capre e gli uccelli. Anche se i vitelli senza difetti sono più appropriati da dare a Dio come olocausti, alcune persone non possono permettersi questi animali. Ecco perché, nella Sua misericordia e compassione, Dio ha concesso alle persone di dare in sacrificio anche agnelli, capre o colombe, a seconda delle condizioni di ogni individuo. Che significato spirituale ha tutto questo?

1) Dio accetta offerte in base alle capacità di ogni persona.

Le capacità e le condizioni finanziarie variano da persona a persona; una piccola quantità per alcuni può essere una grande quantità per altri. Per questa ragione, Dio ha accettato volentieri agnelli, capre o colombe da persone che le offrivano in base alle proprie capacità. Questa è la giustizia e l'amore di Dio con cui Egli ha permesso a tutti, ricchi o poveri, di partecipare all'offerta in base alle capacità di ogni individuo.

Dio non accetterà con piacere una capra offerta a Lui da qualcuno che poteva permettersi un vitello. Tuttavia, Dio accetterà con piacere e risponderà rapidamente ai desideri del cuore di chi gli ha dato un vitello, quando tutto quello che poteva permettersi era un agnello. Che sia stato offerto un vitello, un agnello, una capra o una colomba, Dio disse: ognuno era "profumo soave" per Lui (Levitico 1:9, 13, 17). Ciò significa che, mentre v'è una differenza di grado nell'offerta data, quando diamo a Dio dal profondo del nostro cuore, per Dio - che guarda al cuore dell'uomo - non v'è alcuna differenza in quanto sono tutti profumi soavi per Lui.

In Marco 12:41-44 c'è una scena in cui Gesù loda una povera vedova che fa un'offerta. Le due monete di rame di piccole dimensioni che la donna dona erano l'unità monetaria più piccola a quei tempi, ma per lei erano tutto ciò che aveva. Non importa quanto sia piccola un'offerta; quando diamo a Dio al meglio delle nostre capacità e nella letizia, diventa un'offerta con cui Egli si compiace.

2) Dio accetta l'adorazione secondo l'intelletto di ogni persona.

Durante l'ascolto della Parola di Dio, la comprensione e la grazia ricevuta variano a seconda dell'intelletto di ogni individuo, dal titolo di studio e dalla conoscenza. Anche durante lo stesso servizio di culto, rispetto ad alcune persone che sono più illuminate e hanno studiato di più, la capacità di comprendere e ricordare la Parola di Dio è minore per quelle persone che potrebbero non essere così intelligenti e che non hanno speso tanto tempo per l'apprendimento. Poiché Dio conosce tutto questo, Egli vuole che ogni singolo individuo adori secondo il proprio intelletto dalle profondità del proprio cuore e comprenda e viva secondo la Parola di Dio.

3) Dio accetta l'adorazione a seconda dell'età e acutezza mentale di ogni persona.

Quando le persone invecchiano, la loro memoria e la comprensione vacillano. Questo è il motivo per cui molte persone anziane non sono in grado di comprendere o ricordare la Parola di Dio. Anche così, quando queste persone si dedicano ad adorare con cuore sincero, Dio conosce le condizioni di ognuno di loro, e sarà lieto di accettare la loro adorazione.

Tenete a mente che quando una persona adora attraverso l'ispirazione dello Spirito Santo, il potere di Dio sarà con lui, anche se gli manca la saggezza o conoscenza o è anziano. Grazie all'opera dello Spirito Santo, Dio li aiuta a capire e fare pane della Parola. Quindi non rinunciate dicendo: "Non sono all'altezza" o

"Ho provato, ma non ci riesco", ma siate sicuri di fare ogni sforzo dalle profondità del vostro cuore e cercate il potere di Dio. Il nostro Dio d'amore accetta volentieri offerte fatte a Lui secondo il massimo sforzo di ogni persona e in base alle condizioni individuali. È per questo motivo che ha descritto in modo così dettagliato nel Levitico, tutto ciò che riguarda le offerte di olocausti, proclamando la sua giustizia.

4. Offerta dei vitelli (Levitico 1:3-9)

1. Vitelli senza difetti all'ingresso della tenda di convegno

Nel tabernacolo c'è il Santuario e il Luogo Santissimo. Solo un sacerdote poteva entrare nel Santuario, e solo il sommo sacerdote poteva entrare - una volta l'anno - nel Luogo Santissimo. Questo è il motivo per cui la gente comune, che non poteva entrare nel santuario, offriva olocausti di vitelli all'ingresso della tenda di convegno.

Tuttavia, poiché Gesù ha distrutto il muro del peccato che era in piedi tra l'uomo e Dio, ora possiamo avere comunione diretta e intima con Dio. Le persone ai tempi dell'Antico Testamento facevano le offerte all'ingresso della tenda di convegno con le loro opere. Tuttavia, appena lo Spirito Santo ha fatto del nostro cuore il Suo tempio, abitando in esso e in comunione con noi, adesso tutti noi che viviamo nel tempo del Nuovo Testamento abbiamo ottenuto il diritto di andare davanti a Dio nel Luogo Santissimo.

2. Posa della mano sulla testa dell'olocausto come imputazione del peccato e uccisione

Dal Levitico 1:4 in poi leggiamo: "Poserà la mano sulla testa dell'olocausto, e il Signore lo accetterà come espiazione. Poi sgozzerà il vitello davanti al Signore." La posa della mano sulla testa dell'olocausto simboleggia l'imputazione dei propri peccati per l'olocausto, e solo allora Dio darà il perdono dei peccati per mezzo del sangue degli olocausti.

La posa della mano, oltre all'imputazione del peccato, significa anche benedizioni e unzione. Sappiamo che Gesù poneva la Sua mano su una persona quando benediceva i bambini o guariva i malati da malattie e infermità. Con la posa della mano, gli apostoli impartivano lo Spirito Santo affinché fosse ricevuto dal popolo, e i doni diventavano così ancora più abbondanti. Inoltre, la posa della mano indica che l'oggetto è stato dato a Dio. Quando un ministro pone la sua mano su varie offerte indica che sono state date a Dio.

Le benedizioni alla chiusura dei servizi di culto o la chiusura di un servizio o di un incontro di preghiera con la preghiera del Signore, sono destinate a Dio affinché riceva con piacere tali servizi o riunioni. In Levitico 9:22-24 vi è una scena in cui il sommo sacerdote Aronne "alzò le mani verso il popolo e lo benedisse" dopo aver dato a Dio l'espiazione del peccato e gli olocausti secondo i modi in cui Dio aveva istruito. Dopo aver osservato il Giorno Santo del Signore e aver concluso il servizio con una benedizione, Dio ci protegge dal nemico Satana, così come dalle tentazioni e afflizioni, e ci permetterà di godere di benedizioni traboccanti.

Che cosa significa, per l'uomo, uccidere un vitello maschio, senza difetto, come olocausto? Poiché il salario del peccato è la morte, l'uomo aveva la possibilità di uccidere gli animali per riscattarsi. Un vitello di sesso maschile che non si è ancora accoppiato, è adorabile come un bambino innocente. Dio voleva che ogni persona che offriva un olocausto, lo facesse con il cuore di un bambino innocente che mai avrebbe commesso di nuovo quel peccato. A tal fine, ha voluto che ogni persona si pentisse dei suoi peccati e convertisse il suo cuore.

L'apostolo Paolo era ben consapevole di ciò che Dio voleva, ed è per questo, anche dopo aver ricevuto il perdono dei suoi peccati, l'autorità e il potere come figlio di Dio, egli "è morto ogni giorno." In 1 Corinzi 15:31 ha confessato, "Ogni giorno sono esposto alla morte; sì, {fratelli}, com'è vero che siete il mio vanto in Cristo Gesù, nostro Signore", perché siamo possiamo offrire il nostro corpo come sacrificio santo e vivente a Dio solo dopo aver gettato via tutto ciò che si oppone a Dio, come ad esempio un cuore di falsità, l'arroganza, l'avidità, una struttura mentale formata da propri pensieri, la propria giustizia e tutto ciò che è male.

3. Il sacerdote sparge il sangue ai piedi dell'altare

Dopo aver ucciso il vitello a cui sono stati imputati i peccati della persona che effettua l'offerta, il sacerdote sparge il sangue ai piedi dell'altare all'ingresso della tenda di convegno. Questo perché, come si legge in Levitico 17:11, "Poiché la vita della carne è nel sangue. Per questo vi ho ordinato di porlo sull'altare per fare l'espiazione per le vostre persone; perché il sangue è quello che fa l'espiazione, per mezzo della vita," il sangue simboleggia la vita. Per lo stesso motivo, Gesù ha versato il Suo sangue per riscattarci dal peccato.

"Ai piedi dell'altare" significa est, ovest, nord e sud, o, più semplicemente, 'ovunque l'uomo va.' Cospargere del sangue "ai piedi dell'altare" significa che i peccati dell'uomo sono perdonati, ovunque egli vada. Vuol dire che riceveremo il perdono dei peccati commessi in qualsiasi modo, e riceveremo la direzione nel modo in cui Dio vuole che vada la testa, lontano da direzioni che dobbiamo sicuramente evitare.

Lo stesso vale oggi. L'altare è il pulpito da cui la Parola di Dio viene proclamata, e il servo del Signore che guida il servizio di culto interpreta il ruolo del sacerdote che sparge il sangue. Al servizi di culto, sentiamo la Parola di Dio grazie alla fede e, rinforzati dal potere del sangue di Nostro Signore, riceviamo il perdono per tutto ciò che abbiamo fatto che è contrario alla volontà di Dio. Una volta che siamo stati perdonati dei peccati per mezzo del sangue, dobbiamo solo dirigerci dove Dio vuole che andiamo, in modo da rimanere sempre lontani dal peccare.

4. Scuoiare l'olocausto e tagliarlo a pezzi

Un animale che viene offerto in olocausto, deve prima essere scuoiato per poi essere completamente consumato dal fuoco. Le pelli degli animali sone dure e difficili da bruciare completamente, e quando vengono bruciate si sente un odore nauseante. Pertanto, affinché un animale offerto in olocausto producesse un aroma soave, doveva essere innanzitutto scuoiato. A quale aspetto dell'adorazione ai nostri tempi è paragonabile questa procedura?

Dio sente il profumo della persona che lo adora e non accetta ciò che non è soave. Affinché l'adorazione sia un soave aroma per Dio, dobbiamo "gettare via ogni aspetto macchiato dal mondo e andare davanti a Dio in maniera divina e santa." Nel corso della nostra vita ci imbattiamo in diversi aspetti della vita stessa che non possono essere considerati peccaminosi davanti a Dio, ma sono ben lungi dall'essere divini o santi. Alcuni aspetti mondani che ci appartenevano prima della nostra vita in Cristo, possono ancora essere sopravvissuti in noi, e stravaganza, vanità e vanto possono venir fuori.

Ad esempio, alcune persone vanno al mercato o nei centri commerciali a 'guardare le vetrine' per poter fare acquisti abitualmente. Altri sono dipendenti da televisione o videogiochi. Se i nostri cuori sono distratti da queste cose, si cresce lontani dall'amore di Dio. Inoltre, se esaminiamo noi stessi, possiamo trovare apparenze di falsità macchiate con il mondo e apparenze che sono imperfette di fronte a Dio. Al fine di essere perfetti davanti a Dio, dobbiamo gettare via tutto questo. Quando ci poniamo in adorazione davanti a Lui, dobbiamo prima pentirci di tutti questi aspetti mondani della vita, e il nostro cuore deve mutare diventando più santo e divino.

Il pentirsi prima dell'adorazione delle apparenze peccaminose, impure e imperfette delle macchie del mondo, è equivalente alla scuoiatura dell'animale nell'olocausto. Per fare questo, dobbiamo preparare i nostri cuori arrivando in anticipo ai servizi di culto. Siate sicuri di offrire una preghiera di ringraziamento a Dio per avervi perdonato di tutti i peccati e per avervi protetti, e offrite una preghiera di pentimento dopo aver esaminato voi stessi.

Quando l'uomo ha offerto a Dio animali che erano stati scuoiati, tagliati a pezzi e poi bruciati, Dio a Sua volta ha dato all'uomo il perdono dei peccati e delle trasgressioni, e ha permesso al sacerdote di tenere per sé le pelli. Il "taglio in pezzi" si riferisce al recidere la testa, le zampe, fianchi ed i quarti posteriori di un animale, separando le viscere.

Quando serviamo un frutto come un'anguria o una mela ai nostri anziani, non diamo loro il frutto intero; li sbucciamo e li rendiamo presentabili. Allo stesso modo, nel dare un'offerta a Dio, noi non bruciamo tutta l'offerta, ma presentiamo l'offerta stessa in una maniera ben organizzata.

Che significato spirituale ha il "tagliare a pezzi" le offerte?

In primo luogo, v'è una divisione dei diversi tipi di culto offerto a Dio. Abbiamo il Servizio della Domenica mattina e della Domenica sera, il Servizio del Mercoledì sera ed il Servizio della Notte del Venerdì (nello specifico sono descritti i servizi di culto che si tengono nella Chiesa Manmin, n.d.t.). La divisione dei servizi di culto è equivalente al "taglio in pezzi" di queste offerte.

In secondo luogo, anche la divisione dei contenuti della nostra preghiera è equivalente al "taglio in pezzi" delle offerte. In generale, la preghiera è divisa in pentimento e allontanamento degli spiriti maligni, seguita dalla preghiera di gratitudine. Si passa poi a quella su argomenti della chiesa, sulla costruzione del Santuario, per i ministri e i lavoratori della chiesa, per la realizzazione dei propri compiti, per la prosperità della propria anima, per i desideri del proprio cuore ed infine con la preghiera di chiusura.

Naturalmente, possiamo pregare mentre camminiamo per strada, guidiamo o mentre ci prendiamo una pausa. Possiamo avere momenti di comunione nella quiete mentre pensiamo e meditiamo su Dio e nostro Signore. Tenete a mente che, a parte i tempi di meditazione, dedicare del tempo a richiamare i temi della preghiera uno ad uno è altrettanto importante quanto tagliare l'offerta in pezzi. E allora Dio sarà lieto di accettare la vostra preghiera e vi risponderà rapidamente.

In terzo luogo, "tagliare a pezzi" l'offerta significa che la Parola di Dio nel suo insieme è divisa in 66 libri. I 66 libri della Bibbia spiegano in unità il Dio vivente e la provvidenza di salvezza per mezzo di Gesù Cristo. Ancora, la Parola di Dio è suddivisa in singoli libri, e la Sua Parola in ogni libro è associata senza alcuna disparità tra di loro. Poiché la Parola di Dio è divisa in diverse categorie, la volontà di Dio viene convogliata in modo più sistematico ed è più facile per noi farne di essa il nostro pane.

In quarto luogo, e questo è il più importante di tutti, "il taglio in pezzi" dell'offerta significa che il servizio di culto è diviso e formato da varie parti. La preghiera di pentimento prima dell'inizio del servizio è seguita dalla prima parte, un breve periodo di meditazione che prepara e avvia il servizio, e il servizio si conclude con una Preghiera del Signore o con una benedizione. Nel mezzo, non c'è solo la proclamazione della Parola di Dio, ma ci sono anche la preghiera di intercessione, la lode, la lettura dei passaggi, l'offerta, e altre parti. Ogni processo porta un suo significato, e adorare in un ordine specifico è l'equivalente del taglio sacrificale in pezzi.

Proprio come la combustione di tutte le parti del sacrificio completa l'olocausto, dobbiamo dedicarci totalmente a un servizio di culto dall'inizio alla fine nella sua interezza. I partecipanti non devono arrivare in ritardo o alzarsi per andare via durante il servizio per prendersi cura di questioni personali, se non assolutamente necessario. Alcune persone devono svolgere compiti specifici della chiesa, come ad esempio i volontari o gli uscieri, e questi casi in cui lasciano il loro posto in anticipo possono essere consentiti. Alcuni possono avere desiderio di partecipare ad un servizio, come il Mercoledì sera o la notte del Venerdì, ma possono essere costretti ad arrivare in ritardo ed a correre a causa del lavoro o di altre circostanze inevitabili. Anche così, Dio guarda il loro cuore e riceve la fragranza del loro culto.

5. Il sacerdote mette il fuoco sull'altare e dispone la legna sul fuoco

Dopo aver tagliato l'offerta in pezzi, il sacerdote deve disporre tutti i pezzi sull'altare e prepararli per essere bruciati. Questo è il motivo per cui il sacerdote è incaricato di "mettere il fuoco sull'altare e disporre legna sul fuoco." Qui, "fuoco" significa spiritualmente il fuoco dello Spirito Santo e la "legna sul fuoco" si riferisce ai contesti e ai contenuti della Bibbia. Ogni parola contenuta nei 66 libri della Bibbia deve essere usata come legna da ardere. "Disporre la legna sul fuoco" è, in termini spirituali, fare pane spirituale di ogni parola del contenuto della Bibbia tra le opere dello Spirito Santo.

Per esempio, in Luca 13:33 Gesù dice: "non può essere che un profeta muoia fuori di Gerusalemme." Un tentativo di capire letteralmente questo versetto sarà vano, perché sappiamo che molte persone di Dio, come gli apostoli Paolo e Pietro, sono morti "fuori di Gerusalemme". In questo versetto, tuttavia, "Gerusalemme" non si riferisce alla città fisica, ma ad una città che porta il cuore e la volontà di Dio, che è la "Gerusalemme spirituale", che a sua volta è la "Parola di Dio." Pertanto, 'non può essere che un profeta muoia fuori Gerusalemme' va intesa nel senso che un profeta vive e muore entro i confini della parola di Dio.

La comprensione di ciò che leggiamo nella Bibbia e dei messaggi dei sermoni che ascoltiamo durante i servizi di culto, può esserci data solo per ispirazione dello Spirito Santo. Qualsiasi parte della Parola di Dio che è al di là della conoscenza, dei pensieri dell'uomo e delle congetture può essere compresa attraverso l'ispirazione dello Spirito Santo, e solo allora possiamo credere nella Parola dal profondo dei nostri cuori. In sintesi, si cresce spiritualmente solo quando abbiamo capito la Parola di

Dio attraverso le opere e l'ispirazione dello Spirito Santo con la conseguenza che il cuore di Dio ci viene trasmesso e mette radici nel nostro cuore.

6. Disposizione dei pezzi, della testa e del grasso sulla legna messa sul fuoco che è sull'altare

In Levitico 1:8 si legge, "Poi i sacerdoti, figli di Aaronne, disporranno quei pezzi, la testa e il grasso, sulla legna messa sul fuoco che è sull'altare." Per fare l'olocausto, il sacerdote deve disporre sull'altare i pezzi che sono stati tagliati, come la testa e il grasso.

Bruciare la testa dell'offerta indica la combustione di tutti i pensieri di falsità che derivano dalla nostra testa. Questo perché il nostro pensiero ha origine dalla testa e la maggior parte dei peccati origina lì. Le persone di questo mondo non condannano qualcuno come peccatore quando il peccato non è mostrato in azione. Tuttavia, proprio come si legge in 1 Giovanni 3:15, "Chiunque odia suo fratello è omicida," Dio chiama il nutrire odio, di per sé un peccato.

Gesù ci ha riscattati dal nostro peccato duemila anni fa. Egli ci ha redenti dai peccati che commettiamo, non solo con le nostre mani e piedi, ma anche con la nostra testa. Gesù fu inchiodato alle mani e piedi per redimerci dai peccati che commettiamo con le nostre mani e piedi, e indossava la corona di spine per redimerci dai peccati che commettiamo con i nostri pensieri che hanno origine nella nostra testa. Dal momento che siamo stati già perdonati dei peccati che commettiamo con i nostri pensieri, non dobbiamo offrire a Dio la testa di un animale come offerta. Al posto della testa di un animale, abbiamo bisogno di bruciare i nostri pensieri col fuoco dello Spirito Santo, e lo facciamo gettando via i pensieri di falsità, pensando alla verità in ogni momento.

Quando ci nutriremo con la verità ogni momento, non nutriremo più pensieri di falsità o pensieri oziosi. Appena lo Spirito Santo porterà le persone a gettare via i pensieri oziosi, concentrandosi sul messaggio e incidendolo nei loro cuori durante i servizi di culto, potranno offrire a Dio un culto spirituale che Egli accetterà.

Inoltre, il grasso di un animale è la fonte di energia e vita stessa. Gesù è diventato un sacrificio fino al punto di versare tutto il Suo sangue e tutta la Sua acqua. Dal momento in cui crediamo in Gesù come nostro Signore, non abbiamo più bisogno di offrire a Dio il grasso degli animali.

Eppure, il "credere nel Signore" non è soddisfatto solo confessando con le labbra: "Io credo." Se crediamo veramente che il Signore ci ha redento dal peccato, dobbiamo gettare via il peccato, essere trasformati dalla Parola di Dio, e condurre una vita santa. Anche nei momenti di adorazione, dobbiamo portare avanti tutte le nostre energie - il nostro corpo, il cuore, la volontà e ogni massimo sforzo - e offrire a Dio servizi spirituali di culto. Una persona che concentra tutta la sua energia ad adorare, non solo conserva la Parola di Dio nella sua testa, ma la realizza nel suo cuore. Solo quando la Parola di Dio si realizza nel proprio cuore può diventare vita, forza, e benedizioni nello spirito e nella carne.

7. Il sacerdote lava con acqua le interiora e le zampe e le fa fumare sull'altare

Mentre altre parti sono offerte così come sono, Dio comanda che le interiora e le zampe, parti impure dell'animale, siano lavate con acqua prima di essere offerte. Il "lavaggio con acqua" si riferisce al lavaggio delle impurità della persona che effettua l'offerta. Quali sono le impurità da lavare? Mentre le persone ai tempi dell'Antico Testamento lavavano le impurità dell'offerta, le persone ai tempi del Nuovo Testamento devono lavare le impurità del cuore.

In Matteo 15 vi è una scena in cui i farisei e gli scribi rimproverano i discepoli di Gesù che mangiano con le mani sporche. A loro, Gesù dice: "non quello che entra nella bocca contamina l'uomo; ma è quello che esce dalla bocca che contamina l'uomo!" (v. 11). Gli effetti di ciò che entra nella bocca terminano quando viene espulso; tuttavia, ciò che esce dalla bocca proviene dal cuore ed ha effetti duraturi. Come Gesù continua nei versetti 19-20, "Poiché dal cuore vengono pensieri malvagi, omicidi, adultèri, fornicazioni, furti, false testimonianze, diffamazioni. Queste sono le cose che contaminano l'uomo; ma il mangiare con le mani non lavate non contamina l'uomo," dobbiamo pulire il peccato e il male del cuore con la Parola di Dio.

Quanto più la Parola di Dio entra nel nostro cuore, tanto più il peccato e il male saranno eliminati e purificati in noi. Ad esempio, se una persona fa pane dell'amore e vive di esso, l'odio sarà eliminato. Se una persona fa pane dell'umiltà, questa andrà a sostituire l'arroganza. Se una persona fa pane della verità, la menzogna e l'inganno scompariranno. Quanto più si fa pane della verità e si vive di essa, più sarà facile liberarsi della natura peccaminosa. Naturalmente, la sua fede crescerà costantemente e raggiungerà la misura della statura che appartiene alla pienezza di Cristo. Nella misura della sua fede, il potere e l'autorità di Dio lo accompagneranno. Non solo riceverà i desideri del suo cuore, ma sperimenterà anche le benedizioni in ogni aspetto della sua vita.

Solo dopo che le interiora e le zampe sono state lavate e messe sul fuoco, produrranno un profumo soave. Levitico 1:9 definisce questo come "sacrificio di profumo soave, consumato dal fuoco per il Signore." Quando durante i servizi spirituali di culto a Dio adoriamo in spirito e verità, in accordo con la Sua Parola sugli olocausti, quel culto sarà l'offerta con fuoco con il quale Dio si compiace, e sarà ciò che porterà le Sue risposte. Il nostro cuore adorante sarà un profumo soave per Dio e se Lui è compiaciuto, ci darà prosperità in ogni aspetto della nostra vita.

5. Offerta di pecore o capre (Levitico 1:10-13)

1. Una giovane pecora maschio o una capra senza difetto

Ugualmente come nell'offerta di vitelli, se si tratta di una pecora o una capra, l'offerta deve essere un giovane maschio, senza difetto. In termini spirituali, dare un'offerta senza colpa si riferisce ad adorare davanti a Dio con un cuore perfetto segnato da gioia e gratitudine. Il comando di Dio che sia offerto un animale maschio significa "adorare con un cuore deciso senza esitazioni." Mentre l'offerta può variare a seconda delle circostanze finanziarie di ogni persona, l'atteggiamento della persona che fornisce l'offerta deve essere sempre santo e perfetto, indipendentemente dall'offerta stessa.

2. L'offerta deve essere sgozzata sul lato settentrionale dell'altare, e il sacerdote spruzzerà il suo sangue sull'altare da ogni lato

Proprio come nel caso dell'offerta di vitelli, lo scopo dell'aspersione del sangue dell'animale intorno ai lati dell'altare è il ricevere il perdono dei peccati commessi in tutto il mondo, a est, ovest, nord e sud. Dio ha permesso che l'espiazione si compisse con il sangue dell'animale offerto a Lui, al posto di quello dell'uomo.

Perché Dio comanda che l'offerta fosse sgozzata sul lato nord dell'altare? "Verso nord" o "lato nord" simboleggia spiritualmente freddezza e l'oscurità; è un'espressione spesso usata per riferirsi a qualcosa che Dio disciplina o rimprovera e con la quale non è compiaciuto.

In Geremia 1:14-15 leggiamo:
"Dal settentrione verrà fuori la calamità su tutti gli abitanti del paese. Poiché, ecco, io sto per chiamare tutti i popoli dei regni del settentrione", dice il Signore; "essi verranno e porranno ognuno il suo trono all'ingresso delle porte di Gerusalemme, contro tutte le sue mura all'intorno e contro tutte le città di Giuda."

In Geremia 4:6 Dio ci dice, "Cercate un rifugio, non vi fermate, perché io faccio venire dal settentrione una calamità, una grande rovina." Come potete vedere, nella Bibbia, 'verso nord' significa disciplina e rimprovero di Dio, e come tale, l'animale su cui sono stati imputati tutti i peccati dell'uomo devono essere uccisi "sul lato nord," un simbolo di una maledizione.

3. L'Offerta viene tagliata in pezzi e insieme alla testa e al grasso, viene disposta sulla legna; le interiora e le zampe vengono lavate con l'acqua; tutto questo sarà offerto e brucerà sull'altare

L'olocausto di una pecora o di una capra viene dato a Dio allo stesso modo in cui è dato l'olocausto di vitelli, al fine di ricevere il perdono dei peccati che commettiamo con la testa, con le mani e con i piedi. L'Antico Testamento è come l'ombra, e il Nuovo Testamento è come la forma. Dio vuole che noi riceviamo il perdono dei peccati non solo sulla base di opere, ma anche che i nostri cuori siano circoncisi, e che viviamo secondo la Sua Parola. Questo è offrire a Dio servizi spirituali di culto con tutto il nostro corpo, cuore, e fare pane della Parola di Dio per ispirazione dello Spirito Santo, al fine di gettare via le falsità e vivere secondo la verità.

6. Offerta di uccelli (Levitico 1:14-17)

1. Una tortora o un giovane piccione

Le colombe sono gli uccelli più mansueti e intelligenti, e obbediscono facilmente agli uomini. Poiché hanno carne molto tenera e offrono molti vantaggi in generale per gli uomini, Dio ha comandato che fossero offerte tortore e giovani piccioni. Tra le colombe, Dio ha voluto che fossero offerti giovani esemplari perché voleva ricevere offerte pure e miti. Questi tratti delle giovani colombe simboleggiano l'umiltà e la mitezza di Gesù, che è diventato un sacrificio.

2. Il sacerdote offrirà in sacrificio l'uccello sull'altare, gli staccherà la testa, lo spaccherà per le ali senza dividerlo in due; il sacerdote lo brucerà sull'altare, e il sangue sarà fatto colare sopra uno dei lati dell'altare

Poiché i piccioni sono di dimensioni molto ridotte, non

possono essere uccisi e poi tagliati a pezzi, e solo una piccola quantità del loro sangue può essere versato. Per questo motivo, a differenza di altri animali che vengono uccisi sul lato settentrionale dell'altare, ai piccioni sarà staccata la testa e da lì colerà il loro sangue; questa parte include anche la posa della mano sulla testa della colomba. Mentre il sangue di un'offerta deve essere spruzzato intorno all'altare, in questo caso la cerimonia di espiazione avviene solo con il sangue fatto colare sopra uno dei lati dell'altare, a causa della piccola quantità di sangue che ha una colomba.

Inoltre, a causa del suo fisico minuto, se una colomba dovesse essere tagliata, diverrebbe irriconoscibile. È per questo motivo che alla colomba gli vengono strappate le ali, senza reciderle dal corpo. Per gli uccelli, le ali rappresentano la loro vita. Il fatto che una colomba è lacerata dalle sue ali simboleggia che l'uomo si è arreso completamente davanti a Dio e ha dato la sua vita a Lui.

3. Il gozzo dell'offerta con le sue piume viene gettato sul lato orientale dell'altare, nel luogo delle ceneri

Prima di mettere l'uccello in offerta sulle fiamme, gli viene tolto il gozzo e le piume. Mentre le viscere dei vitelli, degli agnelli e delle capre non vengono scartate ma date in fiamme dopo essere state lavate con l'acqua, Dio ha permesso che, nel caso delle colombe, il gozzo e le interiora fossero scartate, in quanto erano difficili da pulire, viste le loro dimensioni. L'atto di liberarsi del gozzo e delle piume di una colomba simboleggia, come con la pulizia delle parti impure dei vitelli e degli agnelli, la purificazione dei nostri cuori impuri e dei comportamenti del passato nel peccato e nel male, adorando Dio in spirito e verità.

Il gozzo e le piume di una colomba devono essere gettati sul lato orientale dell'altare accanto al luogo delle ceneri. In Genesi

2:8 leggiamo che Dio "piantò un giardino in Eden, a oriente."
Il significato spirituale di "oriente" è relativo ad uno spazio circondato dalla luce. Anche sulla Terra, su cui viviamo, l'oriente è la direzione da cui sorge il sole, e una volta che il sole è sorto, il buio della notte viene scacciato.

Qual è il significato di gettare il gozzo di una colomba insieme alle sue piume, sul lato orientale dell'altare?

Simboleggia la nostra venuta alla luce davanti al Signore, che è la Luce, dopo aver gettato via le impurità del peccato e del male, dandole in olocausto a Dio. Leggendo Efesini 5:13, "Ma tutte le cose, quando sono denunciate dalla luce, diventano manifeste," appena gettiamo via le impurità del peccato e del male che abbiamo scoperto, diventiamo figli di Dio che precedono dalla Luce. Pertanto, gettare le impurità di un'offerta ad oriente significa spiritualmente che appena noi, che vivevamo in mezzo alle impurità spirituali, al peccato ed al male, gettiamo via il peccato, diventiamo figli di Dio.

Attraverso gli olocausti di vitelli, agnelli, capre e uccelli, ora possiamo comprendere l'amore e la giustizia di Dio. Dio comandò gli olocausti perché voleva che il popolo di Israele vivesse ogni momento della loro vita in comunione diretta e intima con Lui, offrendoGli sempre olocausti. Quando ripenserete a tutto ciò, spero che adorerete in spirito e verità, non solo osservando il Giorno Santo del Signore, ma offrendo a Dio il profumo soave del vostro cuore tutti i 365 giorni dell'anno. Poi, il nostro Dio, che ci ha promesso, "Trova la tua gioia nel Signore ed egli appagherà i desideri del tuo cuore" (Salmi 37:4), vi inonderà con prosperità e meravigliose benedizioni, ovunque andrete.

Capitolo 4

L'oblazione

"Quando qualcuno offrirà al Signore un'oblazione, la sua offerta sarà di fior di farina, su cui verserà dell'olio, e vi aggiungerà dell'incenso."

Levitico 2:1

1. Importanza delle oblazioni

Levitico 2 spiega l'offerta dei cereali e di come deve essere offerta a Dio in modo che possa essere un sacrificio vivente, santo con cui Egli si compiace.

Come leggiamo in Levitico 2:1, "Quando qualcuno offrirà al Signore un'oblazione, la sua offerta sarà di fior di farina," l'oblazione è un'offerta data a Dio fatta con grani macinati finemente. Si tratta di un'offerta di ringraziamento a Dio che ci ha dato la vita e ci dà il pane quotidiano. Dal punto di vista odierno, rappresenta un'offerta di ringraziamento data a Dio durante una servizio di culto nel Giorno Santo del Signore per averci protetto la settimana precedente.

Nelle offerte fatte a Dio, è necessario lo spargimento del sangue di animali come vitelli o agnelli come sacrificio per il peccato. Questo perché il perdono dei nostri peccati attraverso lo spargimento del sangue degli animali garantisce che le nostre preghiere e le nostre supplice arrivino al Santo Dio. Tuttavia, l'oblazione è un'offerta di ringraziamento che non richiede generalmente uno spargimento di sangue separato, ed è fatta contemporaneamente all'olocausto. Le persone danno a Dio le loro primizie e altre cose buone dai grani che hanno raccolto, come oblazione per aver dato loro i semi con cui seminare, per aver dato loro cibo, e averli protetti fino al momento della raccolta.

Generalmente come oblazione veniva offerta la farina. Veniva utilizzata fior di farina e primizie di grano, e tutte le offerte erano condite con olio e sale, a cui veniva aggiunto l'incenso. Poi, una manciata dell'oblazione veniva data in fumo per compiacere Dio con l'aroma.

Leggiamo in Esodo 40:29: "Poi collocò l'altare degli olocausti all'ingresso del tabernacolo, della tenda di convegno e vi offrì, sopra, l'olocausto e l'oblazione, come il Signore aveva ordinato a Mosè." Dio ordinò che quando sarebbe stato dato un olocausto, contemporaneamente doveva essere data anche un'offerta di cereali. Pertanto, daremo a Dio un servizio spirituale di culto completo solo quando, al servizio, gli diamo anche offerte di ringraziamento.

L'etimologia di "oblazione" è "offerta" e "dono". Dio non vuole che noi partecipiamo ai vari servizi di culto a mani vuote, ma vuole che dimostriamo nei fatti il nostro cuore pieno di gratitudine, dandogli offerte di ringraziamento. Per questa ragione ci dice in 1 Tessalonicesi 5:18, "In ogni cosa rendete grazie, perché questa è la volontà di Dio in Cristo Gesù verso di voi," e in Matteo 6:21, "Perché dov'è il tuo tesoro, lì sarà anche il tuo cuore."

Perché dobbiamo rendere grazie in ogni cosa e offrire a Dio anche le oblazioni? In primo luogo, tutto il genere umano, a causa della disobbedienza di Adamo, camminava sulla via della distruzione, ma Dio ci ha dato Gesù come espiazione per i nostri peccati. Gesù ci ha redenti dal peccato e per mezzo di Lui abbiamo guadagnato la vita eterna. Poiché Dio, che ha creato l'uomo e ogni cosa nell'universo, ora è il nostro Padre, e possiamo godere di autorità come figli di Dio. Egli ci ha permesso di possedere il cielo eterno, quindi potrebbe esserci un altro modo se non rendere grazie a Lui?

Dio ci dà anche il sole e controlla le piogge e i venti, e godiamo del clima in modo da poter raccogliere abbondanti raccolti attraverso i quali Egli ci dà il pane quotidiano. Dobbiamo ringraziare tanto Dio. Inoltre, è Dio che protegge ognuno di noi da questo mondo in cui abbondano il peccato, l'ingiustizia, le malattie e gli incidenti. Egli risponde alle nostre preghiere offerte grazie alla fede e ci benedice sempre nel condurre una vita trionfante. Così ancora una volta, come potremmo non rendergli grazie!

2. Le offerte nell'oblazione

in Levitico 2:1 Dio dice: "Quando qualcuno offrirà al Signore un'oblazione, la sua offerta sarà di fior di farina, su cui verserà dell'olio, e vi aggiungerà dell'incenso." Il grano offerto a Dio come oblazione deve essere macinato finemente. Il comando di Dio che i grani offerti siano "fini" indica il tipo di cuore con il quale dobbiamo dargli offerte. Per produrre fior di farina dalla macinatura fine del grano, il grano stesso subisce una serie di processi inclusi la sbucciatura, la macinazione e la setacciatura. Ognuno di queste richiede molto sforzo e cura. La tonalità del cibo a base di fior di farina è bella in apparenza ed è molto più gustosa.

Il significato spirituale che sta dietro il comando di Dio per l'oblazione che "sarà di fior di farina", è che Dio accetterà l'offerta preparata con la massima cura e nella gioia. Egli accetta volentieri quando dimostriamo con i fatti il nostro cuore di ringraziamento, e non quando ci limitiamo a rendere grazie solo con le labbra. Pertanto, quando diamo le decime o offerte di ringraziamento, dobbiamo fare in modo di farlo con tutto il cuore in modo che Dio sarà lieto di accettarle.

Dio è il sovrano di tutte le cose e ordina all'uomo di dargli le offerte, ma non lo fa perché gli manca qualcosa. Egli ha il potere di aumentare la ricchezza di ogni persona e di togliere beni a chiunque. La ragione per cui Dio vuole ricevere offerte da noi risiede nel fatto che Egli può benedirci ancora più fortemente e abbondantemente attraverso le offerte che diamo nella fede e nell'amore.

Come leggiamo in 2 Corinzi 9:6, "Chi semina scarsamente mieterà altresì scarsamente; e chi semina abbondantemente mieterà altresì abbondantemente", raccogliere in base a quanto si semina è una legge del regno spirituale. Affinché possa benedirci ancora più abbondantemente, Dio ci insegna a dargli le offerte di ringraziamento.

Quando crediamo in questo fatto e quindi facciamo le offerte, naturalmente dobbiamo farlo con tutto il cuore, proprio come se dessimo a Dio l'offerta di fior di farina, e dobbiamo dargli le più preziose delle offerte, che sono innocenti e pure.

Il "Fior di farina" rappresenta anche la natura e la vita di Gesù, entrambe di per sé perfette. Questo ci insegna anche che proprio come prestiamo massima attenzione quando facciamo il fior di farina, dobbiamo altresì condurre una vita di fatica e di obbedienza.

Quando le persone davano l'oblazione con il fior di farina, dopo aver miscelato la farina con olio e cotto in forno, sulla piastra o in padella, veniva poi offerta in fumo sull'altare. Il fatto che le oblazioni venivano offerte in modi diversi significa che i mezzi con cui le persone conducevano la loro vita, così come i motivi per rendere grazie, erano tutte diversi.

In altre parole, oltre alle ragioni per le quali dobbiamo sempre ringraziare nel Giorno Santo del Signore, dobbiamo rendere grazie per aver ricevuto benedizioni o risposte ai desideri del nostro cuore, per aver superato tentazioni e prove grazie alla fede e cose simili. Tuttavia, proprio come ci comanda Dio "in ogni cosa rendete grazie," dobbiamo cercare motivi per essere grati, e rendere grazie di conseguenza. Solo allora Dio accetterà l'aroma dei nostri cuori e farà in modo che i motivi per rendere grazie abbondino nella nostra vita.

3. Dare l'oblazione

1. Un'offerta di fior di farina con olio versato sopra e aggiunta di incenso

Versare l'olio sul fior di farina permetterà alla farina di diventare una pastella e trasformarsi poi in pane eccellente, e aggiungere l'incenso sul pane migliorerà la qualità e l'aspetto dell'intera offerta. Quando questo viene portato a un sacerdote, egli prenderà una manciata di fior di farina spruzzata di olio con aggiunta di incenso e lo farà bruciare sull'altare. Questo è un sacrificio di profumo soave.

Che significato ha il versare l'olio sulla farina?

L'"olio" qui si riferisce al grasso degli animali o alla resina estratta dalle piante. La miscelazione di farina con "olio" indica che dobbiamo dare ogni oncia e un pò della nostra energia - tutte la nostra vita - nell'atto di dare un'offerta a Dio. Quando adoriamo o diamo offerte a Dio, Egli ci darà l'ispirazione e la pienezza dello Spirito Santo e ci permetterà di condurre una vita in cui abbiamo comunione diretta e intima con Lui. Il versamento dell'olio simboleggia che quando diamo a Dio qualcosa, dobbiamo farlo con tutto il cuore.

Che cosa significa mettere incenso nell'offerta?

In Romani 5:7 leggiamo, "Difficilmente uno morirebbe per un giusto, ma forse per una persona buona qualcuno avrebbe il coraggio di morire." Tuttavia, secondo la volontà di Dio, Gesù è morto per noi, che non siamo né giusti né buoni, ma peccaminosi. Ora, quanto è stato soave l'amore che Gesù ha emanato per Dio? È così che Gesù ha distrutto l'autorità della morte, è risorto e si è seduto alla destra di Dio, è diventato il Re dei re, ed è diventato un profumo veramente prezioso davanti a Dio.

Efesini 5:2 esorta: "camminate nell'amore come anche Cristo ci ha amati e ha dato se stesso per noi in offerta e sacrificio a Dio quale profumo di odore soave." Quando Gesù fu offerto a Dio in sacrificio, fu come un'offerta con l'incenso. Pertanto, poiché abbiamo ricevuto l'amore di Dio, dobbiamo anche offrire noi stessi come un aroma fragrante e calmante, proprio come aveva fatto Gesù.

"Aggiungere l'incenso al fior di farina" significa che come Gesù ha magnificato Dio con un aroma fragrante attraverso la Sua natura e le Sue opere, dobbiamo vivere secondo la Parola di Dio con tutto il nostro cuore, e dobbiamo magnificare il Signore emanando il profumo di Cristo. Solo quando offriamo offerte di ringraziamento a Dio mentre emaniamo il profumo di Cristo, la nostra offerta diventerà oblazione degna di accettazione di Dio.

2. Senza lievito o aggiunta di miele

In Levitico 2:11 si legge: "Qualunque oblazione offrirete al

Signore sarà senza lievito; non farete bruciare nulla che contenga lievito o miele, come sacrificio consumato dal fuoco per il Signore." Dio ordinò che nessun lievito fosse aggiunto al pane offerto perché proprio come il lievito fermenta la pasta a base di farina, anche il "lievito" spirituale corrompe e rovina l'offerta.

Il Dio immutabile e perfetto vuole che la nostra offerta resti incorrotta e offerta a Lui come fior di farina stessa dal profondo del nostro cuore. Pertanto, quando diamo offerte dobbiamo agire con un cuore immutabile, pulito e puro, e in segno di gratitudine, amore e fede in Dio.

Nel dare offerte, alcune persone pensano a come sono percepite dagli altri e lo fanno per formalità. Altri le danno con un cuore pieno di dolore e di preoccupazione. Eppure, come Gesù ha messo in guardia contro il lievito dei farisei, che è l'ipocrisia, se diamo fingendo di essere santi solo in apparenza e cerchiamo il riconoscimento degli altri, il nostro cuore sarà come oblazione viziata dal lievito, che non ha nulla a che fare con Dio.

Pertanto, dobbiamo dare senza lievito e dalle profondità del nostro cuore, in amore e gratitudine verso Dio. Non dobbiamo dare a malincuore o con dolore e preoccupazione senza fede. Dobbiamo dare abbondantemente, con ferma fede in Dio, che accetta la nostra offerta e ci benedice nello spirito e nella carne. Per insegnarci il significato spirituale, Dio ordinò che nessuna offerta fosse fatta con lievito.

Ci sono momenti, tuttavia, in cui Dio permette di fare offerte con lievito. Queste offerte non verranno fatte fumare, ma saranno agitate avanti e indietro all'altare dal sacerdote, per esprimere il dono del sacrificio a Dio, e li riporterà alle persone, che le condivideranno e le mangeranno. Questa è chiamata "offerta agitata", a cui, a differenza di un'oblazione, è permesso di aggiungere lievito quando le regole sono mutate.

Per esempio, le persone di fede saranno presenti ai servizi di culto non solo la domenica, ma anche a tutti gli altri servizi. Quando le persone di fede debole frequentano il servizio della domenica e non quelli del mercoledì e del venerdì, Dio non considererà la loro condotta peccaminosa. In termini di procedure, mentre un servizio nel Giorno del Signore segue tutta una serie di rigide regole, le adorazioni insieme solo ad alcuni membri o a casa di uno dei membri della chiesa, pur avendo una struttura di base formata da un messaggio, dalla preghiera e dalla lode, possono essere regolate a seconda delle circostanze. Pur rimanendo legati a regole di base necessarie, il fatto che Dio lasci spazio concedendo flessibilità a seconda delle proprie circostanze o misura della fede, denota il significato spirituale di dare offerte fatte con lievito.

Perché Dio ha proibito l'aggiunta di miele?

Proprio come il lievito, anche il miele può rovinare le proprietà del fior di farina. Il miele qui si riferisce allo sciroppo dolce prodotto dal succo di dattero in Palestina, che può facilmente fermentare e marcire. Per questo Dio ha proibito che l'integrità della farina fosse corrotta con l'aggiunta di miele. Egli ci dice anche che quando i figli di Dio adorano e danno offerte, devono farlo con un cuore perfetto che non cambia e non inganna.

Qualcuno potrebbe pensare che l'aggiunta di miele renda l'offerta di aspetto migliore. Non importa quanto qualcosa sembri buono per l'uomo; Dio è contento di ricevere ciò che Egli ha comandato, e ciò che l'uomo ha promesso di dargli. Alcune persone nella fase iniziale dei voti, danno qualcosa di specifico a Dio, ma quando le circostanze cambiano, cambiano le loro menti e danno qualcosa di diverso. Eppure quando sono coinvolte le opere dello Spirito Santo, Dio odia quando le persone cambiano idea per quanto riguarda qualcosa che Egli ha comandato, o cambiano la loro mente riguardo qualcosa delle loro promesse per ottenere benefici personali. Pertanto, se una persona ha promesso di offrire un animale, deve necessariamente offrirlo a Dio come testimoniato in Levitico 27:9-10, in cui si legge: "Se si tratta di animali che possono essere presentati come offerta al Signore, ogni animale che si darà al Signore sarà cosa santa. Non lo si dovrà cambiare; non se ne metterà uno buono al posto di uno cattivo o uno cattivo al posto di uno buono; e se uno sostituisce un animale all'altro, tutti e due gli animali saranno cosa sacra."

Dio vuole che diamo a Lui con cuore puro, non solo quando diamo le offerte, ma in ogni cosa. Se nel cuore di una persona c'è incertezza o inganno, a causa di tali caratteristiche, verrà mostrata una condotta inaccettabile a Dio.

Per esempio, re Saul ignorò i comandamenti di Dio, modificandoli a suo piacimento. Di conseguenza, ha disubbidito a Dio. Dio aveva comandato a Saul di distruggere il re di Amalec, tutto il suo popolo e tutti gli animali. Dopo aver vinto la guerra grazie alla potenza di Dio, però, Saul non ha seguito i comandi di Dio. Ha risparmiato e portato con sé re Acab ed il meglio del bestiame. Anche dopo essere stato rimproverato, Saul non si è pentito, rimanendo disobbediente, e alla fine è stato abbandonato da Dio.

Numeri 23:19 ci dice: "Dio non è un uomo, da poter mentire,

né un figlio d'uomo, da doversi pentire." Per poter deliziare Dio, il nostro cuore deve prima essere trasformato in un cuore puro. Non importa quanto qualcosa possa sembrare buona secondo l'uomo ed il suo modo di pensare; ciò che Dio ha proibito non va mai fatto, e questa condizione non deve cambiare mai, anche col passare del tempo. Quando l'uomo obbedisce alla volontà di Dio con un cuore puro e senza mutamenti del cuore, Dio è felice. Egli accetta le sue offerte e lo benedice.

In Levitico 2:12 si legge, "Potrete offrirne al Signore come oblazione di primizie; ma queste offerte non saranno poste sull'altare come offerte di profumo soave." Un'offerta deve avere un profumo soave che Dio accetterà con gioia. Qui, Dio ci sta dicendo che le oblazioni di primizie non devono essere collocate sull'altare per il solo scopo di produrre fumo e emanare un aroma. Lo scopo della nostra donazione di un'oblazione non è nell'atto, ma è nell'offrire a Dio il profumo del nostro cuore.

Indipendentemente da quanto siano buone le cose offerte, se l'azione di offrirle non è fatta con il tipo di cuore con cui Dio sarà felice, emanerà un aroma fragrante per l'uomo, ma non per Dio. Tutto ciò è simile ai regali che i figli fanno ai genitori con il cuore pieno di gratitudine e amore per la grazia di averli dati alla luce e allevati in amore, e non per mera formalità, e che saranno una fonte di vera gioia per i genitori.

Per lo stesso motivo, Dio non vuole che noi offriamo a Lui per abitudine e per assicurarci che, "Ho fatto quello che dovevo fare", ma vuole che emaniamo il profumo del nostro cuore pieno di fede, speranza e amore.

3. Condite con il sale

In Levitico 2:13 si legge, "Condirai con sale ogni oblazione e non lascerai la tua oblazione priva di sale, segno del patto del tuo Dio. Su tutte le tue offerte metterai del sale." Il sale si scioglie nel cibo e impedisce che si guasti e gli dà sapore grazie alla stagionatura.

"Condirai con il sale" significa spiritualmente "fare la pace". Proprio come il sale deve sciogliersi per condire il cibo, giocare il ruolo del sale, con il quale possiamo fare la pace, richiede il sacrificio della morte di sé stesso. Pertanto, il comando di Dio che un'oblazione sia condita con sale significa che dobbiamo dare offerte a Dio sacrificando noi stessi per fare la pace.

A tal fine, dobbiamo prima accettare Gesù Cristo ed essere in pace con Dio, combattendo fino al punto di spargimento di sangue per gettare via il peccato, il male, la lussuria, e il vecchio di noi stessi.

Supponiamo che qualcuno deliberatamente commette un peccato che Dio trova abominevole e poi dà a Dio un sacrificio senza pentirsi del peccato stesso. Dio non può accettare l'offerta perché la pace tra la persona e Dio è rotta. Questo è il motivo per cui il salmista scrisse: "Se nel mio cuore avessi tramato il male, il Signore non mi avrebbe ascoltato" (Salmi 66:18). Dio accetterà con gioia non solo la nostra preghiera, ma anche la nostra offerta, solo dopo che ci siamo allontanati dal peccato, abbiamo fatto pace con Lui, e gli abbiamo dato le offerte.

Fare la pace con Dio richiede che ogni persona faccia il sacrificio di morire a sé stessi. Proprio come ha confessato l'apostolo Paolo, "Io muoio ogni giorno," solo quando una persona si nega e fa un sacrificio della morte di sé stessa, può conseguire la pace con Dio.

Dobbiamo anche essere in pace con i nostri fratelli e sorelle nella fede. Gesù ci dice in Matteo 5:23-24, "Se dunque tu stai per offrire la tua offerta sull'altare e lì ti ricordi che tuo fratello ha qualcosa contro di te, lascia lì la tua offerta davanti all'altare e va' prima a riconciliarti con tuo fratello; poi vieni a offrire la tua offerta." Dio non accetterà volentieri la nostra offerta se stiamo commettendo un peccato, agendo nel male e tormentando i nostri fratelli e sorelle in Cristo.

Anche se un fratello ci ha fatto del male, non dobbiamo odiarlo o lamentarci di lui, ma dobbiamo perdonare ed essere in pace con lui. Indipendentemente dalle ragioni, non possiamo essere in disaccordo ed avere controversie, ferire ed essere colpevoli di far inciampare i nostri fratelli e sorelle in Cristo. Solo dopo aver fatto pace con tutti gli uomini e dopo che il nostro cuore si sarà riempito di Spirito Santo, di gioia e di gratitudine, la nostra offerta sarà 'condita con sale.'

Inoltre, nel comando di Dio "condire con di sale" vi è il significato essenziale del patto, come troviamo in "il sale, segno del patto del tuo Dio." Il sale è estratto dall'acqua dell'oceano e l'acqua rappresenta la Parola di Dio. Come il sale dà sempre un gusto salato, anche la Parola del patto di Dio non cambia mai.

"Condire con il sale" le offerte che diamo significa che dobbiamo credere nel patto immutabile del Dio fedele e dare con tutto il cuore. Nel dare le offerte di ringraziamento, noi dobbiamo credere che Dio sicuramente ci ricompenserà e ci benedirà 30, 60 e 100 volte più di ciò che diamo.

Alcune persone dicono, "Io non do con l'aspettativa di ricevere benedizioni, lo faccio e basta". Eppure, Dio è più soddisfatto della fede di una persona che cerca umilmente le Sue benedizioni. Ebrei 11 ci dice che quando Mosè abbandonò la posizione di principe d'Egitto, egli "era alla ricerca della ricompensa" che Dio stava per dargli. Anche a Nostro Signore Gesù, che cercava la ricompensa, non importava l'umiliazione della croce. Osservando il grande frutto - la gloria che Dio stava per concedere a Lui e la salvezza del genere umano - Gesù potè facilmente sopportare la punizione raccapricciante della croce.

Naturalmente, il "guardare alla ricompensa" di qualcuno, è completamente diverso da quello di altri che lo fanno con un cuore calcolatore e che si aspettano di ricevere qualcosa in cambio perché hanno già dato qualcosa. Anche se non v'è alcuna ricompensa, una persona, nel suo amore per Dio, può essere disposta a rinunciare perfino alla propria vita. Tuttavia, comprendere il cuore del nostro Padre Dio che desidera benedirci e credere nella potenza di Dio quando cerchiano la Sua benedizione, farà sì che la nostra opera piacerà a Dio ancora di più. Dio ha promesso che l'uomo avrebbe raccolto ciò che aveva seminato, e avrebbe dato a coloro che cercano. Dio si compiace del nostro dare le offerte nella fede nella Sua Parola, così come della nostra fede per la quale chiediamo le Sue benedizioni secondo la Sua promessa.

4. Il resto dell'oblazione appartiene ad Aronne e ai suoi figli

Mentre l'olocausto nella sua interezza è stato offerto in

fumo sull'altare, l'oblazione è stata portata a un sacerdote, e solo una parte di esso è stato offerto a Dio in fumo su l'altare. Ciò significa che mentre noi diamo a Dio diversi servizi di culto, le offerte di ringraziamento - le oblazioni - sono date a Dio in modo che siano utilizzate per il regno e la giustizia di Dio, e loro porzioni devono essere utilizzate per i sacerdoti, che oggi sono rappresentati dai servi del Signore e dai lavoratori all'interno della chiesa. Come ci dice Galati 6:6, "Chi viene istruito nella parola faccia parte di tutti i suoi beni a chi lo istruisce," quando i membri della Chiesa che hanno ricevuto la grazia di Dio fanno offerte di ringraziamento, i servi di Dio che insegnano la parola condividono le offerte di ringraziamento.

Le oblazioni sono date a Dio insieme agli olocausti, e servono come modello di una vita di servizio che Cristo stesso aveva portato. Quindi, dobbiamo dare per fede le offerte, con tutto il nostro cuore e tutto il possibile. Spero che ogni lettore adorerà in un modo corretto secondo la volontà di Dio e riceva abbondanti benedizioni tutti i giorni, dando a Dio offerte fragranti con le quali Egli si compiace.

Capitolo 5

Sacrificio di riconoscenza

"Quando uno offrirà un sacrificio di riconoscenza, se offre bestiame grosso, un maschio o una femmina, l'offrirà senza difetto davanti al Signore."

Levitico 3:1

1. Importanza del sacrificio di riconoscenza

In Levitico 3 sono documentate le leggi che regolano il sacrificio di riconoscenza. Il sacrificio di riconoscenza comporta l'uccisione di un animale senza difetti, cospargendo il suo sangue intorno ad ogni lato dell'altare e offrendo il suo grasso come sacrificio di profumo soave consumato dal fuoco per Dio. Sebbene le procedure per il sacrificio di riconoscenza sono simili a quelli degli olocausti, ci sono però una serie di differenze. Alcune persone fraintendono lo scopo del sacrificio di riconoscenza e pensano che sia un mezzo per ricevere il perdono dei peccati, che riguarda invece le offerte per la colpa e i sacrifici espiatori.

Un sacrificio di riconoscenza è un'offerta destinata a raggiungere la pace tra noi e Dio, e con essa le persone esprimono gratitudine, fanno voti a Dio, e donano volontariamente a Dio. Offerte separatamente da persone che sono state perdonate dei loro peccati attraverso sacrifici espiatori e olocausti e ora in comunione diretta e intima con Dio, lo scopo del sacrificio di riconoscenza è quello di fare la pace con Dio, in modo che essi possano avere, con tutto il cuore, fiducia in Dio in ogni aspetto della loro vita.

L'offerta di cereali presente in Levitico 2 è considerata un'offerta di ringraziamento, che è un'offerta convenzionale di ringraziamento data in segno di gratitudine a Dio che ha salvato, protegge, e fornisce pane quotidiano, ed è diversa da quella che offre la pace e la gratitudine espressa in esso. Oltre alle offerte di ringraziamento che diamo la domenica, diamo offerte separate di ringraziamento quando ci sono motivi particolari per rendere grazie. Incluse nel sacrificio di riconoscenza vi sono le offerte fatte volontariamente per compiacere a Dio, per riservare e mantenere se stessi santi e per vivere secondo la Parola di Dio, e per ricevere da Lui i desideri del proprio cuore.

Mentre l'offerta del sacrificio di riconoscenza porta con sé molteplici significati, lo scopo fondamentale incorporato in esso è di essere in pace con Dio. Una volta che siamo in pace con Dio, Egli ci darà la forza con la quale possiamo vivere secondo la verità, risponderà ai desideri del nostro cuore, e ci darà la grazia con la quale possiamo soddisfare qualsiasi promessa che abbiamo fatto a Lui.

Come ci dice 1 Giovanni 3:21-22, "Carissimi, se il {nostro} cuore non ci condanna, abbiamo fiducia davanti a Dio; e qualunque cosa chiediamo la riceviamo da lui, perché osserviamo i suoi comandamenti e facciamo ciò che gli è gradito," quando diventiamo fiduciosi davanti a Dio per aver vissuto secondo la verità, saremo in pace con Lui e sperimenteremo la Sua opera in tutto ciò che chiediamo. Se lo compiaciamo ancora di più con offerte speciali, possiamo immaginare quanto più rapidamente Dio ci risponderà e ci benedirà?

Pertanto, è imperativo che noi comprendiamo correttamente i significati dell'oblazione e del sacrificio di riconoscenza, e distinguiamo le offerte per l'oblazione dall'offerta per il sacrificio di riconoscenza, in modo che Dio accetti volentieri le nostre offerte.

2. Offerte nel sacrificio di riconoscenza

Dio ci dice in Levitico 3:1, "Quando uno offrirà un sacrificio di riconoscenza, se offre bestiame grosso, un maschio o una femmina, l'offrirà senza difetto davanti al Signore." L'offerta data in sacrificio di riconoscenza deve essere un bestiame grosso o minuto o una capra, e che sia maschio o femmina, deve essere senza difetti (Levitico 3:6, 12).

Un'offerta in olocausto doveva essere un vitello maschio o un agnello senza difetti. Questo perché il sacrificio perfetto per l'olocausto - per il servizio spirituale di culto - rappresenta Gesù Cristo, l'irreprensibile Figlio di Dio.

Tuttavia, poiché diamo a Dio un sacrificio di riconoscenza al fine di essere in pace con Lui, se l'offerta è senza difetti non c'è bisogno di distinguere tra maschio e femmina. Che non v'è alcuna differenza tra sesso maschile e femminile nel dare un sacrificio di riconoscenza è scritto in Romani 5:1: "Giustificati dunque per fede, abbiamo pace con Dio per mezzo di Gesù Cristo, nostro Signore." Nel realizzare la pace con Dio grazie alle opere del sangue di Gesù sulla croce, non c'è differenza tra maschio e femmina.

Quando Dio comanda che l'offerta sia "senza difetti", Egli desidera che noi gli diamo non con uno spirito rotto, ma con un cuore di un bel bambino. Non dobbiamo dare né a malincuore, né mentre chiediamo il riconoscimento degli altri, ma dobbiamo farlo volontariamente e per fede. Per noi, nel dare un'offerta di ringraziamento per la grazia della salvezza di Dio, ha senso solo che l'offerta sia irreprensibile. Un'offerta data a Dio in modo che possiamo aver fiducia in Lui in ogni aspetto della nostra vita, che possa essere con noi e proteggerci in ogni momento, così che possiamo vivere secondo la Sua volontà, deve rappresentare il meglio che possiamo dare, e dobbiamo farlo con la nostra massima cura e con tutto il nostro cuore.

Quando si confrontano le offerte nell'olocausto e quelle del sacrificio di riconoscenza, c'è un fatto interessante di cui prendere nota: le colombe sono state escluse da quest'ultima. Perché? Non importa quanto possa essere povera una persona, un olocausto deve essere offerto da chiunque, ed è per questo che Dio ha permesso l'offerta di colombe, che sono di valore estremamente basso.

Ad esempio, quando un novizio nella vita in Cristo con poca e debole fede fede frequenta solo i servizi domenicali, Dio lo considera come se avesse dato un olocausto. Mentre un olocausto è dato a Dio quando i credenti vivono interamente dalla Parola di Dio, mantenendo comunione diretta e intima e adorandolo in spirito e verità, nel caso di un novizio nella fede che osserva solo il giorno santo del Signore, Dio lo considererà come l'offerta di una colomba, di scarso valore come olocausto, e lo guiderà sulla via di salvezza.

Tuttavia, un sacrificio di riconoscenza non è un sacrificio richiesto, ma un'offerta volontaria. È dato a Dio, affinché l'uomo riceva risposte e benedizioni compiacendo Dio. Se dovesse essere data una colomba di poco valore, perderebbe il suo significato e scopo di offerta speciale; per questo le colombe sono state escluse.

Supponiamo che una persona abbia dato un'offerta a Dio in adempimento di un giuramento o di un voto, ad un profondo desiderio o per ricevere la guarigione da una malattia incurabile o terminale. Con che tipo di cuore dovrebbe essere data l'offerta? Sarà pronto con tutto il suo cuore anche più che sinceramente che nel dare offerte fatte su base regolare. Dio sarà più contento se offre un vitello o, a seconda delle circostanze di quella persona, se offre una mucca femmina o un agnello o una capra, ma il valore di una colomba come offerta sarebbe troppo insignificante.

Naturalmente, questo non vuol dire che il "valore" di un'offerta dipende interamente dal suo valore monetario.

Quando una persona prepara l'offerta con tutto il cuore e tutta la mente e pone la massima cura secondo le proprie possibilità, Dio valuterà il valore dell'offerta sulla base del profumo spirituale in essa contenuto.

3. Dare il sacrificio di riconoscenza

1. Posa della mano sulla testa del sacrificio di riconoscenza e uccisione sulla soglia della tenda di convegno

Se la persona che porta avanti l'offerta pone la sua mano sulla testa dell'offerta stessa sulla soglia della tenda di convegno, sta imputando i suoi peccati sull'animale. Quando una persona che dà un sacrificio di riconoscenza pone la mano sull'offerta, sta mettendo l'animale a parte come offerta da dare a Dio e perciò la sta consacrando.

Affinché la nostra offerta su cui mettere le mani sia un'offerta gradita a Dio, non dobbiamo determinare l'importo in base ai pensieri carnali, ma secondo l'ispirazione dello Spirito Santo. Solo tali offerte saranno ben accette da Dio, messe a parte e unte.

Dopo la posa della mano sulla testa del sacrificio, la persona che fa l'offerta sgozza l'animale sulla soglia della tenda di convegno. Ai tempi dell'Antico Testamento, solo i sacerdoti potevano entrare nel Santuario, mentre le persone uccidevano gli animali sulla porta della tenda di convegno. Tuttavia oggi, poiché il muro del peccato che era in piedi tra noi e di Dio è stato distrutto da Gesù Cristo, possiamo entrare nel santuario, adorare Dio ed essere in comunione diretta e intima con Lui.

2. I sacerdoti figli di Aaronne spargeranno il sangue sull'altare da ogni lato

Levitico 17:11 dice: "Poiché la vita della carne è nel sangue. Per questo vi ho ordinato di porlo sull'altare per fare l'espiazione per le vostre persone; perché il sangue è quello che fa l'espiazione, per mezzo della vita." Ebrei 9:22 ci dice ancora:"Secondo la legge, quasi ogni cosa è purificata con sangue; e senza spargimento di sangue non c'è perdono," e ci ricorda che solo con il sangue possiamo essere purificati. Nel dare sacrifici per la comunione spirituale diretta e intima con Dio, l'aspersione del sangue è necessaria perché noi, il cui rapporto con Dio era stato reciso, non possiamo essere in pace con Lui senza le opere del sangue di Gesù Cristo.

I sacerdoti spargono il sangue da ogni lato dell'altare, significa che ovunque ci conducono i nostri piedi e in qualunque circostanza ci troviamo, la pace con Dio è sempre raggiunta. I sangue viene asperso intorno all'altare a simboleggiare che Dio è sempre con noi, cammina con noi, ci protegge, ci benedice ovunque andiamo e con chiunque siamo.

3. Questo sacrificio di riconoscenza sarà offerto come sacrificio consumato dal fuoco per il Signore

Levitico 3 elabora i metodi per offrire non solo i vitelli, ma anche agnelli e capre come sacrifici. Poiché i metodi sono quasi uguali, ci concentriamo sull'offerta di vitelli come sacrificio di riconoscenza. Nel confronto tra i sacrifici di riconoscenza e gli olocausti, sappiamo che tutte le parti di pelle offerte sono state date a Dio. Il significato degli olocausti è il servizio spirituale di culto, e poiché il culto è interamente offerto solo a Dio, le offerte sono state completamente bruciate.

Nei sacrifici di riconoscenza, però, non sono date tutte le parti delle offerte. Come si legge in Levitico 3:3b-4, "il grasso che copre le interiora e tutto il grasso che vi aderisce, i due rognoni, il grasso che c'è sopra e che copre i fianchi, e la rete del fegato, che staccherà vicino ai rognoni," il grasso che copre le parti importanti delle interiora degli animali deve essere offerto a Dio come profumo soave. Dare il grasso delle diverse parti dell'animale significa che dobbiamo essere in pace con Dio, ovunque siamo e in qualunque circostanza ci troviamo.

Essere in pace con Dio richiede anche essere in pace con tutti i popoli e perseguire la santità. Solo quando siamo in pace con tutti gli uomini possiamo diventare perfetti come figli di Dio (Matteo 5:46-48).

Dopo che il grasso che deve essere dato a Dio è stato rimosso dall'offerta, vengono tolte le porzioni riservate ai sacerdoti. Leggiamo in Levitico 7:34, "Infatti, dai sacrifici di riconoscenza offerti dai figli d'Israele, io prendo il petto dell'offerta agitata e la coscia dell'offerta elevata, e li do al sacerdote Aaronne e ai suoi figli per legge perenne, che sarà osservata dai figli d'Israele." Così come le porzioni di oblazioni sono state riservate per il sacerdote, le porzioni dei sacrifici di riconoscenza che le persone danno a Dio sono riservate per il sostentamento dei sacerdoti e dei leviti, entrambi i quali servono Dio e il Suo popolo.

Lo stesso accade ai tempi del Nuovo Testamento. Attraverso le offerte fatte a Dio dai credenti, l'opera di Dio per la salvezza delle anime viene compiuta e vengono sostenute le condizioni di vita dei servi del Signore e dei lavoratori della chiesa. Dopo aver rimosso le porzioni destinate a Dio e ai sacerdoti, il resto è consumato dalla persona che ha dato l'offerta; questa è una caratteristica unica del sacrificio di riconoscenza. L'offerta consumata dalla persona che l'ha data significa che Dio mostrerà che l'offerta è degna della Sua gioia evidenziata attraverso risposte e benedizioni.

4. Le norme sul grasso e sul sangue

Quando un animale da dare in offerta a Dio viene ucciso, il sacerdote sparge il suo sangue ai lati dell'altare. Inoltre, poiché tutto il grasso apparteneva al Signore, venivano considerati sacri e offerti in fumo sull'altare come un profumo soave che piace a Dio. La gente ai tempi dell'Antico Testamento non mangiava né grasso né sangue, perché il grasso e il sangue sono legati alla vita. Il sangue rappresenta la vita della carne e il grasso l'essenza del corpo, che è la vita stessa. Il grasso facilita il regolare funzionamento e le attività vitali.

Che significato spirituale c'è ne "il grasso"?
"Il grasso" significa in primo luogo massima cura che è di un cuore perfetto. Dare del grasso in sacrificio consumato dal fuoco significa che noi diamo a Dio tutto quello che abbiamo e tutto ciò che siamo. Si riferisce alla massima cura e ad un cuore integro con il quale si danno offerte degne di accettazione da parte di Dio. Mentre i contenuti delle offerte di ringraziamento sull'altare per raggiungere la pace attraverso il Suo compiacimento, o dare sé stesso in devozione a Dio, sono entrambi importanti, ancora più importante è il tipo di cuore e il grado di attenzione con cui viene data l'offerta. Se una persona che ha fatto del male agli occhi di Dio sta facendo un'offerta al fine di essere in pace con Lui, l'offerta dovrebbe essere fatta con maggiore devozione e un cuore più perfetto.

Naturalmente, il perdono del peccato richiede di dare un sacrificio per il peccato o un sacrificio espiatorio. Tuttavia, ci sono momenti in cui si spera di andare al di là di una semplice ricezione del perdono dei peccati, e fare la vera pace con Dio per piacergli. Per esempio, quando un bambino ha fatto del male al proprio padre, ferendo gravemente il suo cuore, il cuore del padre potrebbe sciogliersi e compiersi vera pace tra i due, se fa uno sforzo per compiacere il padre, invece di limitarsi a dire che è dispiaciuto e ricevere il perdono per i suoi misfatti.

Inoltre, "il grasso" si riferisce anche alla preghiera e alla pienezza dello Spirito Santo. In Matteo 25 si racconta di cinque vergini avvedute che hanno raccolto l'olio in fiasche insieme con le loro lampade, e cinque vergini stolte che non hanno portato con loro alcun olio, ricevendo il diniego all'ingresso alle nozze. Qui, "l'olio" significa spiritualmente la preghiera e la pienezza dello Spirito Santo. Solo quando riceviamo la pienezza dello Spirito Santo attraverso la preghiera e siamo vigili, possiamo evitare di essere macchiati da concupiscenze mondane e aspettare il Signore, lo sposo, dopo aver preparato noi stessi come Sue bellissime spose.

La preghiera deve accompagnare il sacrificio di riconoscenza dato a Dio per compiacere il Signore e ricevere le Sue risposte. La preghiera non deve essere una mera formalità; deve essere offerta con tutto il cuore e con tutto quello che abbiamo e tutto ciò che siamo, proprio come il sudore di Gesù diventò gocce di sangue che cadevano a terra quando pregava sul Getsemani. Chi prega in questo modo sicuramente lotterà e getterà via il peccato, diventerà santificato e riceverà dall'alto l'ispirazione e la pienezza dello Spirito Santo. Quando una tale persona dà a Dio un sacrificio di riconoscenza, Egli ne sarà compiaciuto e darà le Sue risposte rapidamente.

Un sacrificio di riconoscenza è un'offerta data a Dio in piena fiducia, in modo che possiamo condurre una vita di valore in Sua compagnia e sotto la Sua protezione. Nel fare la pace con Dio, dobbiamo allontanarci dai nostri comportamenti che sono sgradevoli ai Suoi occhi; dobbiamo dare offerte a Lui con tutto il cuore e con gioia, e ricevere la pienezza dello Spirito Santo attraverso la preghiera. Diventeremo poi pieni di speranza per il Cielo e condurremo una vita trionfale avendo fatto pace con Dio. Spero che ogni lettore riceva sempre risposte e benedizioni da Dio, pregando nell'ispirazione e pienezza dello Spirito Santo con tutto il cuore, dando a Lui sacrifici di riconoscenza che piacciono alla Sua vista.

Capitolo 6

Sacrificio espiatorio

"Quando qualcuno avrà peccato per errore e avrà fatto qualcuna delle cose che il Signore ha vietato di fare, se colui che ha peccato è il sacerdote che ha ricevuto l'unzione e in tal modo ha reso colpevole il popolo, egli offrirà al Signore, per il peccato commesso, un toro senza difetto, come sacrificio espiatorio."

Levitico 4:2-3

1. Significato e tipi di sacrifici espiatori

Grazie alla nostra fede in Gesù Cristo ed all'opera del Suo sangue, siamo stati perdonati di tutti i nostri peccati e abbiamo guadagnato la salvezza. Tuttavia, per far sì che la nostra fede sia riconosciuta come vera, dobbiamo confessare "Io credo" non solo con le labbra, ma dimostrarlo con i fatti e con la verità. Quando mostriamo davanti a Dio, come prova, le opere della fede che Dio riconoscerà, Egli vedrà quella fede e rimetterà a noi i nostri peccati.

Come possiamo ricevere il perdono dei peccati mediante la fede? Naturalmente, ogni figlio di Dio deve sempre camminare nella luce e non deve mai peccare. Eppure, se c'è un muro in piedi tra Dio e il credente che aveva commesso peccati quando non era ancora perfetto, ha bisogno di conoscere le soluzioni e agire di conseguenza. Le soluzioni si trovano nella Parola di Dio e riguardano il sacrificio espiatorio.

Il sacrificio espiatorio è, come abbiamo letto, un'offerta data a Dio come espiazione per i peccati che abbiamo commesso nella nostra vita, e il metodo varia in base ai doveri che Dio ci ha dato ed alla misura individuale della fede. In Levitico 4 si descrivono i sacrifici espiatori che vengono offerti da un sacerdote unto, da tutta la comunità, da un leader e dalla gente comune.

2. Un sacrificio espiatorio di un sacerdote che ha ricevuto l'unzione

In Levitico 4:2-3 Dio dice a Mosè, "Parla ai figli d'Israele e di' loro: «Quando qualcuno avrà peccato per errore e avrà fatto qualcuna delle cose che il Signore ha vietato di fare, se colui che ha peccato è il sacerdote che ha ricevuto l'unzione e in tal modo ha reso colpevole il popolo, egli offrirà al Signore, per il peccato commesso, un toro senza difetto, come sacrificio espiatorio.»"

Qui, 'i figli di Israele' spiritualmente è riferito a tutti i figli di Dio. I tempi in cui "qualcuno avrà peccato per errore e avrà fatto qualcuna delle cose che il Signore ha vietato di fare" è riferito ad ogni volta che la legge di Dio, che si trova nella Sua Parola riportata nei 66 libri della Bibbia, che Egli "ha vietato di fare", è stata violata.

Quando un sacerdote - oggi un ministro che insegna e proclama la Parola di Dio - viola la legge di Dio, il salario del peccato raggiunge anche il popolo. Poiché non ha insegnato al suo gregge in base alla verità, o non ha vissuto di essa, il suo peccato è grave; anche se ha commesso peccati senza saperlo, è comunque estremamente imbarazzante che un ministro non abbia afferrato la volontà di Dio.

Per esempio, se un ministro insegna in modo errato la verità, il suo gregge crederà alle sue parole; sfida la volontà di Dio e la chiesa nel suo insieme costruirà un muro di peccato davanti a Dio. Egli ci ha detto: "Siate santi", "astenetevi da ogni forma di male," e "pregate incessantemente". Ora, che cosa accadrebbe se un ministro ha detto, "Gesù ci ha redenti da tutti i nostri peccati e saremo salvati finché andiamo in chiesa"? Come Gesù ci dice in Matteo 15:14, "Ora se un cieco guida un altro cieco, tutti e due cadranno in un fosso," il salario del peccato del ministro è grande, perché sia il ministro sia il gregge si allontaneranno da Dio. Pertanto se un sacerdote pecca "in tal modo che ha reso colpevole il popolo", deve offrire a Dio un sacrificio espiatorio.

1. Bestiame grosso senza difetto offerto come sacrificio espiatorio

Quando un sacerdote che ha ricevuto l'unzione pecca, "deve essere portato colpevole davanti al popolo" e deve sapere che il salario del suo peccato è grande. In 1 Samuele 2-4 possiamo leggere di ciò che accadde ai figli del sacerdote Eli quando commettono peccati prendendo le offerte che erano state date a Dio, per il proprio beneficio. Quando Israele perse la guerra contro i Filistei, i figli di Eli furono uccisi insieme a 30.000 fanti israeliani. Anche avendo l'Arca di Dio, Israele nel suo complesso divenne soggetto alla sofferenza.

Ecco perché l'offerta di espiazione doveva essere più più preziosa di tutte: un toro maschio senza difetto. Tra tutte le offerte, Dio accetta più volentieri tori di sesso maschile e agnelli, e il valore dei tori di sesso maschile è maggiore. Per il sacrificio espiatorio, il sacerdote deve offrire non solo uno qualsiasi dei toro maschi, ma un toro maschio senza difetto; ciò significa che spiritualmente l'offerta non può essere data a malincuore o senza gioia; ogni offerta deve essere un bel sacrificio vivente.

2. Offrire il sacrificio espiatorio

Il sacerdote porta il toro da offrire in sacrificio espiatorio all'ingresso della tenda di convegno davanti al Signore, pone la sua mano su di esso e lo sgozza; poi prenderà del sangue dal toro e lo porterà nella tenda di convegno, intingerà il dito nel sangue e lo aspergerà sette volte davanti al Signore di fronte alla cortina del Santuario (Levitico 4:4-6). L'imposizione della mano sulla testa del toro rappresenta l'imputazione dei peccati dell'uomo sull'animale. Mentre la persona che ha commesso peccato dovrebbe essere oggetto di morte, grazie alla posa della mano sulla testa della offerta, riceve il perdono dei suoi peccati imputando i suoi peccati sull'animale, che poi viene ucciso.

Il sacerdote quindi, prende un pò del sangue, ci immerge il

dito e lo cosparge all'interno della tenda di convegno, davanti alla cortina del Santuario. La "cortina del santuario" è una tenda spessa che divide il Santuario dal Luogo Santissimo. I sacrifici generalmente non sono offerti all'interno del Santuario, ma sull'altare nel cortile del tempio; tuttavia, il sacerdote entra nel Santuario con il sangue del sacrificio espiatorio, e lo sparge sul velo del Santuario, proprio di fronte al Luogo Santissimo in cui Dio dimora.

L'immersione del dito nel sangue simboleggia l'atto di chiedere l'elemosina per il perdono. Simboleggia che non ci si pente solo con le labbra o con i voti, ma che si porta realmente anche il frutto del pentimento gettando via il peccato e il male. L'immersione del dito nel sangue e la sua aspersione "sette volte" - "sette" è il numero perfetto nel regno spirituale - significa che quella persona ha completamente gettato via i suoi peccati. Si può ricevere il perdono perfetto solo dopo aver completamente gettato via i propri peccati e se non si pecca più.

Il sacerdote mette anche quel sangue sui corni dell'altare dell'incenso aromatico davanti al Signore nella tenda di convegno, e sparge tutto il sangue alla base dell'altare degli olocausti che si trova all'ingresso della tenda di convegno (Levitico 4:7). L'altare di incenso aromatico - l'altare di incenso - è un altare che serve a bruciare l'incenso; quando l'incenso è stato dato alle fiamme, Dio accetta quell'incenso. Inoltre, i corni nella Bibbia rappresentano un re e la sua dignità e autorità; si riferiscono al Re, il nostro Dio (Apocalisse 5:6). Mettere del sangue sui corni sull'altare di incenso aromatico serve come segno che l'offerta è stata accettata da Dio nostro Re.

Ora, come possiamo pentirci, oggi, in un modo che Dio accetterà? In precedenza è stato detto che il peccato e il male sono stati rimessi immergendo il dito nel sangue del sacrificio espiatorio e successivamente aspergendolo. Dopo averci meditato su ed esserci pentiti dei peccati, dobbiamo andare al santuario e confessare il peccato nella preghiera. Proprio come il sangue del sacrificio è stato messo sulle corna in modo che Dio lo accettasse, dobbiamo andare davanti all'autorità del nostro Dio, il Re e offrire a Lui una preghiera di pentimento. Dobbiamo arrivare al santuario, inginocchiarci e pregare nel nome di Gesù Cristo attraverso l'opera dello Spirito Santo, che permette che lo spirito di pentimento venga su di noi.

Questo non vuol dire che, per pentirci, dobbiamo aspettare fino a quando siamo giunti al santuario. Nel momento in cui sappiamo che abbiamo fatto del male contro Dio, dobbiamo subito pentirci e tornare sui nostri passi. Qui, arrivare al santuario è da intendere come Sabbath, il Giorno del Signore.

Mentre ai tempi dell'Antico Testamento solo i sacerdoti che avevano ricevuto l'unzione potevano comunicare con Dio, oggi, poiché lo Spirito Santo ha fatto una dimora nei cuori di ognuno di noi, possiamo avere comunione diretta e intima con Dio attraverso le opere dello Spirito Santo. La preghiera di pentimento può essere offerta solo attraverso le opere dello Spirito Santo. Tenete a mente, tuttavia, che ogni preghiera offerta è perfezionata osservando il santo Giorno del Signore.

Una persona che non osserva il Giorno del Signore non ha modo di provare che egli è spiritualmente un figlio di Dio e non può ricevere il perdono, anche se offre preghiere di pentimento per conto suo. Il pentimento è accettato da Dio, senza dubbio, non solo quando si offre una preghiera di pentimento per conto proprio dopo aver realizzato che si è commesso un peccato, ma anche quando si offre formalmente una preghiera di pentimento di nuovo nel santuario di Dio nel Giorno del Signore.

Dopo che il sangue è stato messo sui corni dell'altare dell'incenso aromatico, tutto il resto del sangue viene versato alla base dell'altare degli olocausti. Questo è un atto di totale offerta del sangue a Dio, che è la vita dell'offerta, e spiritualmente significa che ci pentiamo con un cuore interamente devoto. Ricevere il perdono dei peccati commessi contro Dio richiede che il pentimento sia offerto con tutto il cuore, tutta la mente e con il nostro più grande e sincero sforzo. Chi ha dato a Dio il vero pentimento non dovrebbe osare di commettere di nuovo gli stessi peccati davanti a Dio.

Successivamente, il sacerdote toglierà dal toro del sacrificio espiatorio tutto il grasso e lo farà bruciare sull'altare degli olocausti, poi porterà la pelle e la sua carne, le zampe e le interiora fuori dall'accampamento e le farà bruciare su legna posta sul mucchio delle ceneri (Levitico 4:8-12). "Bruciare con il fuoco" significa che nella verità, il proprio ego viene distrutto e solo la verità sopravvive.

Proprio come il grasso viene rimosso dal sacrificio di riconoscenza, anche il grasso del sacrificio espiatorio è rimosso e poi offerto in fumo sull'altare. Offrire il grasso del toro in fumo sull'altare ci dice che solo il pentimento offerto con tutto il cuore e tutta la mente sarà accettato davanti a Dio.

Mentre nell'olocausto tutte le parti dell'offerta sono bruciate sull'altare, nel sacrificio espiatorio tutte le parti tranne il grasso e i reni, sono bruciate su legno posto fuori dell'accampamento dove vengono riversate le ceneri. Perché è così?

Poiché un olocausto è un servizio spirituale di culto destinato a compiacere Dio e per raggiungere la comunione con Lui, è offerto in fumo sull'altare nel tempio. Tuttavia, dal momento che il sacrificio espiatorio è offerto per redimerci dai peccati impuri, non può essere offerto in fumo sull'altare all'interno del tempio, quindi è completamente bruciato in un luogo lontano da dove vive la gente.

Anche oggi, dobbiamo sforzarci di gettare completamente via i peccati di cui siamo pentiti di fronte a Dio. Dobbiamo bruciare con il fuoco dello Spirito Santo l'arroganza, l'orgoglio, il nostro vecchio ego mondano, gli atti peccaminosi del corpo che sono impropri davanti a Dio, e simili. Al sacrificio offerto in fumo - il toro - sono stati imputati i peccati della persona che ha posto la sua mano su di esso. Pertanto, da quel momento in poi, quella persona deve venire fuori come sacrificio vivente con il quale Dio si compiace.

A tal fine, oggi cosa dobbiamo fare?

Il significato spirituale tra le caratteristiche di un toro da offrire e quelle di Gesù, che è morto per redimerci dal peccato, sono state spiegate in precedenza. Pertanto, se ci siamo pentiti e offerto in fumo tutte le parti dell'offerta, da quel momento in poi, proprio come un'offerta data a Dio, dobbiamo essere trasformati nello stesso modo in cui nostro Signore è diventato un sacrificio espiatorio. Servendo diligentemente i membri della Chiesa in nome del Signore, dobbiamo permettere ai credenti di scaricare i loro fardelli e supportarli solo con la verità e con cose buone. Dedicandoci e assistendo i membri della nostra chiesa affinché coltivino il loro cuore-campo con lacrime, perseveranza e preghiera, dobbiamo trasformare i nostri fratelli e sorelle in veri e propri figli santificati di Dio. Dio allora considererà vero il pentimento e ci condurrà sulla via della benedizione.

Anche se non siamo ministri, come si legge in 1 Pietro 2:9, "Ma voi siete una stirpe eletta, un sacerdozio regale, una gente santa, un popolo che Dio si è acquistato, perché proclamiate le virtù di colui che vi ha chiamati dalle tenebre alla sua luce meravigliosa," tutti noi che crediamo nel Signore dobbiamo diventare perfetti come sacerdoti e diventare veri figli di Dio.

Inoltre, quando si effettua l'espiazione dei propri peccati, è necessario che l'offerta data a Dio sia accompagnata dal pentimento. Chiunque si rammarica profondamente e si pente delle sue malefatte sarà naturalmente portato a dare le offerte, e quando tali atti sono accompagnati da questo tipo di cuore, può essere considerato di essere in cerca del completo pentimento davanti a Dio.

3. Sacrificio espiatorio di tutta la comunità

"Se tutta la comunità d'Israele ha peccato per errore, senza accorgersene, e ha fatto qualcuna delle cose che il Signore ha vietato di fare, rendendosi così colpevole, quando il peccato che ha commesso viene conosciuto, la comunità offrirà, come sacrificio espiatorio, un toro, che condurrà davanti alla tenda di convegno" (Levitico 4:13-14).

Dal punto di vista odierno, "il peccato di tutta la comunità" si riferisce al peccare di un'intera chiesa. Per esempio, ci sono momenti in cui all'interno di una chiesa si formano fazioni tra i ministri, gli anziani e le diaconesse anziane, che portano guai all'intera comunità. Una volta che le fazioni si sono create, si avviano le dispute e a quel punto la chiesa nel suo insieme finisce per peccare, e poiché la maggior pare dei membri finisce per farsi influenzare da tali dispute, si inizia a parlare male degli altri e serbare rancore l'un l'altro, creando un muro di peccato davanti a Dio.

Anche Dio ci ha detto di amare i nostri nemici, servire gli altri, umiliarci, essere in pace con tutti gli uomini e perseguire la santità. Quanto è imbarazzante e desolante per Dio che i servi del Signore e le loro greggi siano in discordia, o che i fratelli e sorelle in Cristo, si oppongano l'un l'altro? Se tali incidenti hanno luogo all'interno di una chiesa, la chiesa stessa non riceverà la protezione di Dio; non ci sarà alcun risveglio e nelle case e nelle imprese dei suoi membri ci saranno difficoltà.

Come possiamo ricevere il perdono di un peccato di tutta la comunità? Quando il peccato di tutta la comunità è fatto noto, bisogna portare un toro davanti alla tenda di convegno. I suoi anziani poseranno le mani sulla testa dell'offerta, la uccideranno davanti al Signore, e l'offriranno a Dio nello stesso modo dell'offerta per il peccato del sacerdote. Il sacrificio nel sacrificio espiatorio per i sacerdoti e in quello di tutta la comunità è identico in valore e preziosità. Ciò significa che, agli occhi di Dio, il peso del peccato commesso dai sacerdoti o da tutta la comunità è lo stesso.

Eppure, mentre il sacrificio nel sacrificio espiatorio di un sacerdote deve essere un toro maschio senza difetti, il sacrificio nel sacrificio espiatorio di tutta la comunità deve essere semplicemente un toro di sesso maschile. Questo perché non è facile per tutta la comunità essere un cuore solo e fare un'offerta in gioia e gratitudine.

Quando una chiesa oggi nel suo complesso pecca e desidera pentirsi, è possibile che tra i suoi membri ci siano persone senza fede o persone che si rifiutano di pentirsi con inquietudine nel loro cuore. Dal momento che non è facile per tutta la comunità dare a Lui un'offerta senza difetti, Dio a questo riguardo, ha mostrato la Sua misericordia. Anche se alcune persone non sono in grado di dare l'offerta con tutto il cuore, quando la maggior parte dei membri della chiesa si pente e si converte, Dio riceverà il sacrificio per il peccato e perdonerà.

Poiché non tutti i membri della comunità sono in grado di porre la loro mano sulla testa dell'offerta, gli anziani della comunità, per conto della comunità stessa, imporranno le mani mentre tutta la comunità darà a Dio il sacrificio espiatorio.

Il resto delle procedure è identico a quello del sacrificio espiatorio del sacerdote, in tutte le fasi in cui il sacerdote immerge il dito nel sangue del sacrificio, lo sparge sette volte sul velo del tempio, ne mette una parte sui corni dell'altare dell'incenso aromatico, e brucia il resto delle parti dell'offerta fuori dell'accampamento. Il significato spirituale di queste procedure è quello di allontanarsi completamente dal peccato. Dobbiamo anche offrire in sacrificio una preghiera di pentimento nel nome di Gesù Cristo per mezzo delle opere dello Spirito Santo, nel santuario di Dio, in modo che il pentimento sia formalmente accettato. Dopo che l'intera l'assemblea si è pentita con un solo cuore in questo modo, il peccato non dovrebbe mai più essere ripetuto.

4. Sacrificio espiatorio di un capo

In Levitico 4:22-24 leggiamo:

"Se uno dei capi ha peccato, facendo per errore qualcosa che il Signore suo Dio ha vietato di fare e si è così reso colpevole, quando gli sarà fatto conoscere il peccato che ha commesso, condurrà come sua offerta un capro, un maschio fra le capre, senza difetto. Poserà la mano sulla testa del capro e lo sgozzerà nel luogo dove si sgozzano gli olocausti, davanti al Signore. È un sacrificio espiatorio."

Seppur più in basso rispetto al rango dei sacerdoti, i "capi" sono in una posizione di guida e in una classe diversa da quella della gente comune. Pertanto, i capi offrono capri a Dio. Sono di valore più basso rispetto ai tori di sesso maschile offerti dai sacerdoti, ma maggiore delle capre offerte dalla gente comune come sacrifici espiatori.

Rapportato ai nostri tempi, i "capi" all'interno di una chiesa sono i responsabili dei gruppi o gli insegnanti della scuola domenicale. I capi sono coloro che servono in posizione di orientamento per i membri della chiesa. A differenza dei membri laici o dei novizi nella fede, sono stati messi in posizione separata di fronte a Dio e come tali, anche se sono stati commessi gli stessi peccati, i capi devono dare a Dio maggior frutto del pentimento.

In passato, i capi ponevano la mano sulla testa del capro senza difetto imputandogli i loro peccati, e poi lo uccidevano davanti a Dio. Il capo riceve il perdono quando il sacerdote intinge il dito nel sangue del capro, lo mette sui corni dell'altare degli olocausti, e versa il resto del sangue del sacrificio alla base dell'altare degli olocausti. Come nel caso del sacrificio di riconoscenza, il grasso del sacrificio è offerto in fumo sull'altare.

A differenza del sacerdote, un capo non asperge il sangue del sacrificio sette volte sul velo del santuario; dimostra il suo pentimento quando si mette il sangue sui corni dell'altare degli olocausti e Dio lo accetta. Questo perché la misura della fede di un sacerdote è diversa da quella di un capo. Poiché il sacerdote non doveva peccare di nuovo dopo essersi pentito, doveva cospargere il sangue del sacrificio sette volte, il numero perfetto in senso spirituale.

Un capo, tuttavia, può inconsciamente peccare di nuovo e per questo motivo non gli è comandato di cospargere il sangue dell'offerta per sette volte. Questo è un segno dell'amore e della misericordia di Dio, che vuole ricevere il pentimento da ogni persona in base al suo livello di fede e impartire il perdono. Finora nel discutere del sacrificio espiatorio, "un sacerdote" è stato definito come "un ministro" e il "capo" come "un collaboratore in una posizione di comando." Tuttavia, questi riferimenti non sono limitati solo ai compiti dati da Dio all'interno una chiesa, ma guardano anche alla misura della fede di ogni credente.

Un ministro deve essere santificato dalla fede e poi incaricato di guidare un gregge di credenti. È naturale per la fede di qualcuno in una posizione di guida, come capo di un team o come insegnante della scuola domenicale, essere su un livello diverso rispetto a quello di un semplice fedele, anche se non ha ancora raggiunto la perfetta santità. Poiché il livello di fede è diverso in un ministro, in un capo e in un credente ordinario, il significato del peccato e il livello di pentimento che Dio cerca e accetta, sono diversi, anche se tutti hanno commesso un peccato identico.

Questo non vuol dire che è ammissibile per un credente pensare, 'Dal momento che la mia fede non è ancora perfetta, Dio mi darà un'altra possibilità, anche se pecco di nuovo,' e, quindi, pentirsi con un tale cuore. Il perdono di Dio attraverso il pentimento non verrà ricevuto quando una persona consapevolmente e volontariamente commette il peccato, bensì sarà accettato quando una persona ha peccato inconsciamente e si rende conto in seguito che aveva peccato e ha cercato il perdono di conseguenza. Inoltre, una volta che ha commesso un peccato e si è pentito, Dio accetterà il pentimento solo quando questa persona avrà fatto ogni sforzo con fervente preghiera per non commettere di nuovo lo stesso peccato.

5. Sacrificio espiatorio della gente comune

La "Gente comune" indica persone di poca fede, o membri ordinari della chiesa. Quando le persone comuni commettono peccati, lo fanno perché sono in uno stato di poca fede e quindi il peso del loro sacrificio espiatorio è inferiore a quello di un sacerdote o un capo. Per una persona comune l'offerta da dare a Dio è rappresentata da una capra, che ha un valore minore di un capro senza difetti. Come nel caso dell'offerta per il peccato fatta da un sacerdote o da un capo, il sacerdote immerge il dito nel sangue dell'offerta del sacrificio espiatorio di una persona comune, lo metterà sui corni dell'altare degli olocausti, e verserà il resto ai piedi dell'altare.

Mentre v'è una probabilità che una persona comune possa peccare di nuovo in un secondo momento a causa della sua poca fede, se si pente e lacera il cuore nel pentimento non appena commette un peccato, Dio mostrerà compassione e lo perdonerà. Inoltre, nel modo in cui Dio ha comandato che 'una femmina di capra' sia offerta, possiamo dire che i peccati commessi a questo livello sono più facili da essere perdonati dei peccati per i quali deve essere offerto un capro o un agnello. Questo non significa che Dio permette il pentimento moderato; si deve offrire a Dio il vero pentimento, con la determinazione di non peccare più.

Quando una persona con poca fede si rende conto e si pente dei suoi peccati e fa ogni sforzo per non commettere di nuovo gli stessi peccati, la frequenza con cui rischia di peccare si ridurrà da dieci volte poi a cinque e poi a tre, e alla fine sarà in grado di gettarlo via completamente. Dio accetta il pentimento che è accompagnato da frutti. Egli non accetterà il pentimento anche da un credente novizio nella fede se il pentimento è solo a parole e non arriva dal cuore.

Dio si rallegrerà e adorerà un novizio nella fede che si pente dei suoi peccati immediatamente, ogni volta che li riconosce e diligentemente li getta via. Invece di giustificare se stessi, 'Questa è la mia fede, quindi questo è sufficiente per me,' non solo nel pentimento, ma anche nella preghiera, nel culto, e in ogni altro aspetto della vita in Cristo, quando ci si sforza di andare al di là della proprie capacità, ciò sarà oggetto di amore ancora più straripante e di benedizioni di Dio.

Quando qualcuno non poteva permettersi di offrire una capra e quindi offriva un agnello, l'agnello stesso doveva essere femmina senza difetto (Levitico 4:32). Il povero offriva due tortore o giovani colombi, e l'ancor più povero offriva una piccola quantità di farina (Levitico 5:7, 11). Il Dio di giustizia così ha classificato e accettato i sacrifici espiatori secondo la misura della fede di ogni individuo.

Abbiamo finora discusso sul come fare l'espiazione e la pace con Dio esaminando i sacrifici espiatori offerti a Lui da persone di varie classi e con mansioni diverse. Spero che ogni lettore farà la pace con Dio, controllando sempre i propri doveri che Dio gli ha assegnato e lo stato della propria fede, così come accuratamente si possa pentire di eventuali difetti e peccati ogni volta che un muro del peccato si trova sul suo cammino verso Dio.

Capitolo 7

Il sacrificio per la colpa

"Quando qualcuno commetterà un'infedeltà e peccherà involontariamente riguardo a ciò che dev'essere consacrato al Signore, porterà al Signore, come sacrificio per la colpa, un montone senza difetto, preso dal gregge, in base alla tua valutazione in sicli d'argento secondo il siclo del santuario, come sacrificio per la colpa."

Levitico 5:15

1. Importanza del sacrificio per la colpa

Un sacrificio per la colpa viene offerto a Dio come risarcimento per un peccato commesso. Quando il popolo di Dio commette peccato contro di Lui, deve offrire un sacrificio per la colpa e pentirsi davanti al Signore. A seconda del tipo di peccato, tuttavia, la persona che l'ha commesso non solo deve allontanare il suo cuore dalle vie peccaminose, ma potrebbe anche essere necessario assumersi la responsabilità per le sue malefatte.

Per esempio, una persona che ha preso in prestito un oggetto che appartiene ad un suo amico, ma per caso lo danneggia, non può semplicemente dire: "mi dispiace." Non deve solo chiedere scusa, ma deve anche rimborsare il suo amico per l'oggetto. Se la persona non è in grado di rimborsarlo ridandogli lo stesso oggetto che ha distrutto, deve pagare al suo amico un importo equivalente per compensare la perdita. Questo è vero pentimento.

Offrire un sacrificio per la colpa rappresenta la creazione della pace facendo restituzione o assumendosi la responsabilità di una malefatta. Lo stesso vale per il pentimento davanti a Dio. Così come abbiamo bisogno di compensare i danni che abbiamo causato ai nostri fratelli e sorelle in Cristo, dobbiamo dimostrare a Lui atti di adeguato pentimento dopo che abbiamo peccato contro il Signore, in modo che il nostro pentimento sia totale.

2. Circostanze e modi per offrire il sacrificio della colpa

1.Dopo aver fatto falsa testimonianza

Levitico 5:1 ci dice: "Una persona pecca se, udite le parole di giuramento, quale testimone non dichiara ciò che ha visto o ciò che sa. Porterà la propria colpa." Ci sono momenti in cui le persone, anche dopo aver giurato di dire la verità, quando ci sono in gioco propri interessi, rendono falsa testimonianza.

Per esempio, supponete che vostro figlio abbia commesso un crimine e un innocente è stato accusato di quel crimine. Se andate sul banco dei testimoni, credete che sarete in grado di fornire una testimonianza accurata? Se restate in silenzio per proteggere vostro figlio, causando così del male agli altri, le persone non verrebbero a conoscenza della verità, ma Dio veglia su tutto. Pertanto, un testimone deve certificare esattamente come lui o lei ha visto e udito, per garantire che attraverso un giusto processo, nessuno soffrirà ingiustamente.

Lo stesso vale nella nostra vita di tutti i giorni. Molte persone non riescono a trasmettere in modo corretto ciò che hanno visto e sentito e, secondo il proprio giudizio, trasmettono informazioni errate. Altri forniscono false testimonianze inventando storie come se avessero visto qualcosa che in realtà non avevano mai visto. A causa di tali false testimonianze, persone innocenti sono accusate falsamente di crimini che non hanno commesso e quindi soffrono ingiustamente. In Giacomo 4:17 troviamo, "Chi dunque sa fare il bene e non lo fa, commette peccato." I figli di Dio che conoscono la verità devono discernere dalla verità e fornire corrette testimonianze in modo che nessun altro si troverà in difficoltà o sia danneggiato.

Se la bontà e la verità si sono stabiliti nei nostri cuori, direte sempre la verità in ogni situazione. Noi non parliamo male o incolpiamo qualcuno, non distorciamo la verità, o diamo risposte irrilevanti. Se qualcuno ha danneggiato il prossimo, evitando di fare dichiarazioni in caso di necessità o facendo falsa testimonianza, deve offrire a Dio un sacrificio della colpa.

2. Dopo essere venuto a contatto con cose immonde

Leggiamo nel Levitico 5:2-3,

Quando uno, anche senza saperlo, avrà toccato qualcosa di impuro, come il cadavere di una bestia selvatica impura, di un animale domestico impuro o di un rettile impuro, rimarrà egli stesso impuro e colpevole. Quando uno, anche senza saperlo, avrà toccato un'impurità umana, qualunque di quelle impurità che rendono l'uomo impuro, appena viene a saperlo, diventa colpevole.

Qui, "qualcosa di impuro" è riferito a tutti i comportamenti spiritualmente non veritieri che sono contro la verità. Tali comportamenti comprendono tutto ciò che è visto, sentito, o parlato, così come le cose sentite dal corpo e con il cuore. Ci sono cose, prima di conoscere la verità, che non consideravamo peccaminose. Dopo aver conosciuto la verità, però, si inizia a considerare le stesse cose come improprie agli occhi di Dio. Per esempio, quando non conoscevamo Dio, potevamo aver conosciuto la violenza e materiali osceni come la pornografia, ma non ci rendevamo conto in quei momenti che quelle cose erano impure. Tuttavia, dopo aver iniziato la nostra vita in Cristo, abbiamo imparato che queste cose sono contro la verità. Una volta che ci rendiamo conto di aver fatto cose che sono ritenute impure se misurate con la verità, dobbiamo pentirci e offrire a Dio perfino offerte per la colpa.

Anche nella nostra vita in Cristo, tuttavia, ci sono momenti in cui involontariamente vediamo e sentiamo cose cattive. Sarebbe bene se fossimo in grado di custodire i nostri cuori anche dopo aver visto o sentito cose del genere. Eppure, poiché c'è una possibilità che un credente non possa essere in grado di proteggere il suo cuore ed accettare i sentimenti che accompagnano queste cose impure, è necessario che si penta subito dopo aver riconosciuto il suo peccato e offra a Dio un sacrificio di riparazione.

3. Dopo aver giurato

In Levitico 5:4 si legge: "Quando uno giura con le labbra, parlando senza riflettere, di fare qualcosa di male o di bene, proferendo con leggerezza uno di quei giuramenti che gli uomini sono soliti pronunciare, quando viene a saperlo, è colpevole delle sue azioni." Dio ci ha proibito di giurare 'di fare qualcosa di male o di bene'.

Perché Dio ci proibisce di giurare, fare un voto o fare un patto? È naturale che Dio ci proibisca di giurare "per fare il male", ma Egli ci vieta anche di giurare per "fare il bene", perché l'uomo non è in grado di mantenere al cento percento quello che giura (Matteo 5:33-37; Giacomo 5:12). Fino a quando non è perfezionato dalla verità, il cuore di un uomo può oscillare secondo i propri vantaggi ed emozioni, non mantenendo ciò che ha promesso. Inoltre, ci sono momenti in cui il diavolo interferisce con la vita dei credenti e impedisce loro di soddisfare i loro giuramenti per poter così creare motivi per accusarli. Considerate questo esempio estremo: Supponiamo che qualcuno abbia giurato, "lo farò, e lo farò domani", ma poi, oggi muore improvvisamente. Come poteva realizzare il suo giuramento?

Per questo motivo, una persona non deve mai giurare di fare del male, e anche se giura di fare il bene, invece di un giuramento, deve pregare Dio e cercare la forza. Ad esempio, se questa stessa persona ha promesso di pregare incessantemente, anziché fare il voto, "Verrò alla riunione di preghiera serale ogni giorno", avrebbe dovuto pregare: "Dio, ti prego, aiutami a pregare incessantemente e proteggimi dall'interferenza del diavolo." Se qualcuno ha giurato avventatamente, deve pentirsi e offrire a Dio un sacrificio per la colpa.

Se c'è peccato in una qualsiasi delle tre circostanze di cui sopra, questa persona "porterà al Signore il sacrificio per la colpa, per il peccato che ha commesso. Porterà una femmina del gregge, una pecora o una capra, come sacrificio espiatorio e il sacerdote farà per lui l'espiazione del suo peccato" (Levitico 5:6).

Qui, la donazione di un sacrificio per la colpa viene comandato insieme con la spiegazione del sacrificio espiatorio. Questo perché per i peccati per i quali devono essere offerti sacrifici per la colpa devono essere offerti anche sacrifici espiatori. Un sacrificio espiatorio, come spiegato in precedenza, è quello di pentirsi davanti a Dio per il peccato, ed allontanarsi da esso completamente. Eppure, è stato anche spiegato che quando un peccato richiede non solo che qualcuno trasformi il suo cuore allontanandolo dalle vie peccaminose, ma anche il prendersi la responsabilità, l'offerta per la colpa porta un pentimento perfetto quando si effettua il pagamento per perdite o lesioni o ci si assume la responsabilità attraverso determinate azioni.

In tali circostanze, una persona deve non solo fare indennizzo, ma anche offrire a Dio un sacrificio della colpa accompagnato da un sacrificio espiatorio, come deve anche pentirsi davanti a Dio. Anche se una persona ha fatto del male contro un'altra persona, dal momento che ha commesso un peccato che lui non avrebbe dovuto commettere come figlio di Dio, deve anche pentirsi davanti al suo Padre celeste.

Supponiamo che un uomo abbia ingannato la sorella prendendo possesso dei beni che le appartenevano. Se vuole pentirsi, deve prima lacerare il suo cuore nel pentimento davanti a Dio e gettare via l'avidità e l'inganno. Egli deve quindi ricevere il perdono di sua sorella contro la quale ha fatto del male. Poi, deve chiedere scusa non solo con le labbra, ma deve fare indennizzo tanto quanto è la perdita che ha sostenuto sua sorella a causa delle sue azioni. Qui, "il sacrifico espiatorio" dell'uomo è l'atto di allontanarsi dalle sue vie peccaminose e pentirsi davanti a Dio, e il suo "sacrificio della colpa" è l'atto di pentimento cercando il perdono di sua sorella facendo restituzione e risarcimento per la sua perdita.

In Levitico 5:6, Dio comanda che l'offerta di un sacrificio espiatorio deve essere accompagnata da un sacrifico per la colpa, e devono essere offerti una capra o un agnello. Nel versetto seguente, si legge che tutti coloro che non possono permettersi un agnello o una capra devono offrire due tortore o due giovani piccioni. Tenete a mente che sono offerti due uccelli. Uno è dato come sacrificio espiatorio e l'altro come olocausto.

Perché Dio ha ordinato che un olocausto sia offerto allo stesso tempo anche come sacrificio espiatorio con due tortore o due giovani piccioni? L'olocausto rappresenta l'osservanza della santità del Giorno Santo del Signore. Nel culto spirituale è l'offerta del servizio reso a Dio la domenica. Pertanto, già l'offerta in olocausto di due tortore o di due giovani colombi come sacrificio espiatorio ci racconta come il pentimento dell'uomo è reso perfetto con l'osservanza del Giorno del Signore. Il pentimento perfetto richiede non solo il proprio pentimento nel momento in cui ci si rende conto che si ha peccato, ma anche la confessione del peccato stesso nel santuario di Dio nel Giorno del Signore. Se una persona è così povera che non è in grado di offrire neanche le due tortore o i due giovani piccioni, allora deve offrire a Dio un decimo di efa (circa 22 litri) di fior di farina. Il sacrifico espiatorio dovrebbe essere fatto con un animale in quanto è un sacrificio di perdono. Ma, nella Sua misericordia, Dio ha permesso ai poveri, che non erano in grado di offrire a Lui un animale, di offrire la farina, in modo che potessero ricevere il perdono dei loro peccati.

C'è differenza tra un sacrificio espiatorio offerto con farina e un'oblazione offerta con la farina. Mentre all'oblazione vengono aggiunti olio e incenso al fine di renderlo profumato e far apparire l'offerta più ricca, olio o incenso non vengono aggiunti al sacrificio espiatorio. Perché? Dare alle fiamme un'offerta espiatoria ha lo stesso significato di dare alle fiamme il peccato di qualcuno.

Il fatto che nessun olio o incenso venga aggiunto alla farina, se visto spiritualmente, ci racconta dell'atteggiamento che un uomo deve avere nell'andare davanti a Dio per pentirsi. 1 Re 21:27 ci dice che quando re Acab si è pentito davanti a Dio, egli "si stracciò le vesti, si coprì con un sacco e digiunò; dormiva avvolto nel sacco e camminava a passo lento." Quando qualcuno lacera il suo cuore nel pentimento, si comporterà bene, eserciterà autocontrollo, e si umilierà. Sarà cauto in ciò che pronuncia e il modo in cui si comporterà, e dimostrerà a Dio che sta cercando di condurre una vita di moderazione.

4. Dopo aver peccato contro cose sante o causato una perdita ai fratelli in Cristo

In Levitico 5:15-16 leggiamo:

> Quando qualcuno commetterà un'infedeltà e peccherà involontariamente riguardo a ciò che dev'essere consacrato al Signore, porterà al Signore, come sacrificio per la colpa, un montone senza difetto, preso dal gregge, in base alla tua valutazione in sicli d'argento secondo il siclo del santuario, come sacrificio per la colpa. Risarcirà il danno fatto al santuario, aggiungendovi un quinto in più, e lo darà al sacerdote. Il sacerdote farà per lui l'espiazione con il montone offerto come sacrificio per la colpa e gli sarà perdonato.

"Ciò che deve essere consacrato al Signore" è riferito al santuario di Dio, o a tutti gli oggetti all'interno del santuario di Dio. Nemmeno un ministro o una persona che ha dato l'offerta può prendere, usare o vendere a suo piacimento qualunque oggetto che è stato messo da parte per Dio e quindi considerato sacro. Inoltre, le cose che dobbiamo tenere sacre non si limitano solo alle "cose sante", ma valgono anche per l'intero santuario. Un santuario è un luogo che Dio ha separato dal resto e in cui Egli ha posto il Suo nome.

Nel santuario non vanno pronunciate parole mondane o mendaci. I credenti che sono genitori, devono educare bene i loro figli in modo che non corrano o giocano, non facciano rumori fastidiosi, non sporchino o causino un disastro o danneggino cose sante nel santuario.

Se le cose sante di Dio vengono distrutte involontariamente, la persona responsabile dell'accaduto deve sostituirle con un oggetto migliore, più perfetto e senza difetti. Inoltre, la sostituzione non deve essere pari nella quantità o nel valore dell'oggetto danneggiato, ma deve essere aggiunta "una quinta parte di essa" come sacrificio della colpa. Dio ha comandato tutto questo per ricordarci di agire in maniera consona e con autocontrollo. Ogni volta che veniamo in contatto con le cose sante, dobbiamo sempre usare cautela e moderazione in modo da non farne un uso improprio e non danneggiare ciò che è di Dio. Se danneggiamo qualcosa a causa della nostra disattenzione, dobbiamo pentirci dal profondo del nostro cuore e restituire una maggiore quantità o un valore più alto rispetto all'oggetto danneggiato.

Levitico 5:21-22 ci indica i modi affinché una persona riceva il perdono dei peccati quando si è comportato "negando al suo prossimo un deposito da lui ricevuto, o un pegno messo nelle sue mani, o una cosa che ha rubato o estorto con frode al prossimo, o una cosa smarrita che ha trovata, e mentendo a questo proposito e giurando il falso." Questo è un modo di pentirsi delle malefatte commesse prima di credere in Dio, e di pentirsi e ricevere il perdono dopo aver realizzato che è inconsapevolmente entrato in possesso di beni di qualcun altro.

Al fine di rendere l'espiazione per tali peccati, al proprietario deve essere restituito non solo l'oggetto originale, ma anche una ulteriore "quinta parte" del valore del bene. Qui, "un quinto" non significa necessariamente solo che questa porzione è determinata numericamente. Significa anche che quando si dimostra pentimento, questo deve scaturire dal profondo del cuore. Allora Dio gli perdonerà i suoi peccati. Per esempio, ci sono momenti in cui non è possibile contare individualmente tutte le malefatte del passato ed essere quindi rimborsate con precisione. In questi casi, tutto quello che bisogna fare è dimostrare diligentemente atti di pentimento da quel punto in poi. Con i soldi che questa persona ha guadagnato con il suo lavoro, può donare diligentemente per il regno di Dio o fornire agevolazioni finanziarie alle persone bisognose. Quando si costruiscono tali atti di pentimento, Dio riconoscerà il suo cuore e perdonerà i suoi peccati.

Tenete presente che il pentimento è l'ingrediente più importante in un sacrificio per la colpa o in un sacrifico espiatorio. Dio non desidera da noi un vitello grasso, ma uno spirito afflitto (Salmi 51:17). Pertanto, nell'adorare Dio, dobbiamo pentirci dei peccati e del male dalle profondità del nostro cuore e portare frutto adeguato. Spero che nell'offrire durante i servizi di culto, le vostre offerte siano date in un modo che sia gradito a Dio, e che le vostre vite siano come un sacrificio vivente che possa essere accettato da Lui, e che camminerete sempre in mezzo al Suo amore traboccante ed alle Sue benedizioni.

Capitolo 8

Presentare i vostri corpi in sacrificio vivente e santo

"Vi esorto dunque, fratelli, per la misericordia di Dio, a presentare i vostri corpi in sacrificio vivente, santo, gradito a Dio; questo è il vostro culto spirituale."

Romani 12:1

1. I mille olocausti e benedizioni di Salomone

Salomone salì al trono all'età di 20 anni. Sin dalla gioventù fu educato nella fede dal profeta Natan, fu amato Dio, e osservò le leggi di suo padre, re Davide. Dopo la sua ascesa al trono, Salomone offrì a Dio mille olocausti.

Offrire mille olocausti non era affatto un compito facile. Ai tempi dell'Antico Testamento vi erano molte restrizioni per quanto riguarda il luogo, il tempo, il contenuto dell'offerta, e i modi con cui erano collocati. Inoltre, a differenza della gente comune, re Salomone aveva bisogno di uno spazio più ampio, visto che aveva molte persone che lo accompagnavano e un maggior numero di offerte da fare. In 2 Cronache 1:2-3, si dice, "Salomone parlò a tutto Israele, ai capi delle migliaia e delle centinaia, ai giudici, a tutti i prìncipi di tutto Israele e ai capi delle case patriarcali. Poi, con tutti i partecipanti all'assemblea, si recò all'alto luogo situato a Gabaon; là infatti si trovava la tenda di convegno di Dio, che Mosè, servo del Signore, aveva fatta nel deserto." Salomone andò a Gabaon perché la tenda di convegno di Dio, che Mosè aveva costruito nel deserto, era lì.

Con tutta l'assemblea, Salomone è andato davanti "al Signore all'altare di rame, che era nella tenda di convegno" e ha offerto a Lui mille olocausti. È stato spiegato in precedenza che l'olocausto è un'offerta a Dio, del profumo risultante dal dare in fiamme l'animale sacrificato, e che siccome viene offerta la sua vita a Dio, ciò significa sacrificio totale e devozione.

Quella notte, Dio apparve a Salomone in sogno e gli chiese: "Chiedimi ciò che vuoi che io ti dia" (2 Cronache 1:7). Salomone rispose,

> Tu hai trattato con grande benevolenza Davide, mio padre, e mi hai fatto regnare al suo posto. Ora, o Signore, Dio, si avveri la promessa da te fatta a mio padre Davide, perché mi hai costituito re di un popolo numeroso come la polvere della terra! Dammi dunque saggezza e intelligenza, perché io sappia come comportarmi di fronte a questo popolo; poiché chi potrebbe mai amministrare la giustizia per questo tuo popolo che è così numeroso? (2 Cronache 1:8-10).

Salomone non ha chiesto ricchezza, beni, gloria, la vita dei suoi nemici, o una lunga vita per sé stesso. Ha chiesto solo saggezza e intelligenza con la quale governare nel migliore dei modi il suo popolo. Dio fu compiaciuto della risposta di Salomone e il re ebbe non solo saggezza e intelligenza che aveva chiesto, ma ebbe anche ricchezza, beni e gloria, cose che il re non aveva chiesto.

Dio disse a Salomone, "La saggezza e l'intelligenza ti sono concesse; e, oltre a questo, ti darò ricchezze, beni e gloria come non ne ebbero mai i re che ti hanno preceduto, e come non ne avrà mai nessuno dei tuoi successori" (v.12).

Quando offriamo a Dio un servizio spirituale di culto in un modo che è gradito a Lui, Egli a sua volta ci benedice in modo che a tutti gli effetti possiamo prosperare ed essere in buona salute, così come la nostra anima prospera.

2. Dall'era del Tabernacolo all'era del Tempio

Dopo aver unificato il suo regno e raggiunta una stabilità

costante, c'era una cosa che turbava il cuore di re Davide, padre di Salomone: il tempio di Dio non era ancora stata costruito. Davide era costernato dal fatto che l'Arca di Dio era dentro una tenda mentre lui risiedeva in un palazzo fatto di alberi di cedro, e decise di costruire un tempio. Eppure, Dio non ha permesso che ciò avvenisse, perché Davide aveva versato molto sangue in battaglia ed era quindi incapace di costruire un tempio santo di Dio.

Ma la parola del Signore mi fu rivolta, e mi fu detto: "Tu hai sparso molto sangue e hai fatto grandi guerre; tu non costruirai una casa al mio nome, poiché hai sparso molto sangue sulla terra, davanti a me"(1 Cronache 22:8).

Ma Dio mi disse: "Tu non costruirai una casa al mio nome, perché sei uomo di guerra e hai sparso sangue"" (1 Cronache 28:3).

Mentre re Davide non poteva realizzare il suo sogno di costruire il Tempio, in segno di gratitudine ha comunque obbedito alla Parola di Dio. Ha preparato oro, argento, bronzo, pietre preziose, e alberi di cedro, tutti materiali necessari in modo che il prossimo re, suo figlio Salomone, avrebbe potuto costruire il Tempio.

Nel suo quarto anno sul trono, Salomone ha promesso di sostenere la volontà di Dio e costruire il Tempio. Ha iniziato il progetto di costruzione sul monte Moria a Gerusalemme e l'ha completato in sette anni. Quattrocentottanta anni dopo che il popolo di Israele aveva lasciato l'Egitto, il tempio di Dio era completato. Salomone fece entrare nel Tempio l'Arca della Testimonianza (l'Arca dell'Alleanza) e tutte le altre cose sante. Quando i sacerdoti portarono l'Arca della Testimonianza nel Luogo Santissimo, la gloria di Dio riempì la casa "e i sacerdoti non poterono rimanervi per farvi il loro servizio, a causa della nuvola; perché la gloria del Signore riempiva la casa del Signore" (1 Re 8:11). Così finì l'età del Tabernacolo e cominciò l'età del Tempio.

Nella sua preghiera nell'offrire il Tempio a Dio, Salomone implora il Signore affinché perdoni il Suo popolo quando si rivolgono verso il Tempio in fervida preghiera, anche dopo che sono stati colpiti da afflizioni a causa dei loro peccati.

Ascolta la supplica del tuo servo e del tuo popolo Israele quando pregheranno rivolti a questo luogo; ascoltali dal luogo della tua dimora nei cieli; ascolta e perdona! (1 Re 8:30).

Poiché re Salomone era ben consapevole che la costruzione del Tempio fosse sia gradita sia una benedizione per Dio, ha coraggiosamente implorato Dio per il suo popolo. Dopo aver sentito la preghiera del re, Dio ha risposto,

Io ho esaudito la tua preghiera e la supplica che hai fatta davanti a me; ho santificato questa casa che tu hai costruita per mettervi il mio nome per sempre. I miei occhi e il mio cuore saranno lì per sempre (1 Re 9:3).

Pertanto, quando qualcuno oggi adora Dio con tutto il cuore, la mente e con la massima sincerità in un santuario sacro in cui Dio dimora, Dio lo incontrerà e risponderà ai desideri del suo cuore.

3. Culto carnale e culto spirituale

Dalla Bibbia sappiamo che ci sono tipi adorazione che Dio non accetta. A seconda del cuore con cui viene offerto il culto, ci sono servizi spirituali di culto che Dio accetta, e un servizio carnale di culto che rifiuta.

Adamo ed Eva erano stati cacciati dal giardino dell'Eden dopo la loro disobbedienza. In Genesi 4 leggiamo dei loro due figli. Il loro figlio maggiore era Caino e Abele era il figlio minore. Dopo qualche tempo, Caino e Abele fecero un'offerta a Dio. Caino, coltivatore, diede "frutti della terra" (versetto 3) mentre Abele offrì "i primogeniti del suo gregge e del loro grasso" (versetto 4). Dio, a sua volta "guardò con favore Abele e la sua offerta, ma non guardò con favore Caino e la sua offerta" (versetti 4-5).

Perché Dio non accetta l'offerta di Caino? In Ebrei 9:22 troviamo che un'offerta fatta a Dio deve essere un'offerta purificata col sangue che può rimettere i peccati secondo la legge del regno spirituale. Per questo motivo, gli animali come tori o agnelli venivano offerti ai tempi dell'Antico Testamento, mentre Gesù, l'Agnello di Dio, è diventato un sacrificio espiatorio versando il Suo sangue ai tempi del Nuovo Testamento.

Ebrei 11:4 ci dice: "Per fede Abele offrì a Dio un sacrificio più eccellente di quello di Caino; per mezzo di essa gli fu resa testimonianza che egli era giusto, quando Dio attestò di gradire le sue offerte; e per mezzo di essa, benché morto, egli parla ancora." In altre parole, Dio accettò l'offerta di Abele perché aveva dato a Dio un sacrificio di sangue secondo la Sua volontà, ma ha rifiutato l'offerta di Caino, che non era stata fatta secondo la Sua volontà.

In Levitico 10:1-2, leggiamo di Nadab e Abiu che "offrirono davanti al Signore del fuoco estraneo, diverso da ciò che egli aveva loro ordinato", e che furono per questo consumati dal fuoco che "uscì dalla presenza del Signore." Anche in 1 Samuele 13 possiamo leggere di come Dio abbandona re Saul dopo che il re aveva commesso il peccato di aver eseguito il compito che era del profeta Samuele. Prima di una battaglia serrata con i Filistei, re Saul fece un'offerta a Dio prima che giungesse il profeta Samuele, dopo aver atteso secondo il numero dei giorni stabiliti. Quando Samuele arrivò, e quindi dopo che l'offerta era stata fatta da Saul, il re si giustificò dicendo al profeta che aveva dato l'olocausto a malincuore perché la gente si stava disperdendo. In risposta, Samuele rimproverò Saul: "Tu hai agito stoltamente", e disse al re che Dio lo avrebbe abbandonato.

In Malachia 1:6-10, Dio rimprovera i figli di Israele per non aver dato a Dio il meglio che potevano offrire, dando ciò che a loro era inutile. Dio aggiunge che Egli non accetterà il tipo di culto che segue le formalità religiose ma dove manca il cuore della gente. Oggi questo significa che Dio non accetterà un servizio carnale di culto.

Giovanni 4:23-24 ci dice che Dio accetta volentieri un servizio spirituale di culto offerto a Lui in spirito e verità, e benedice le persone affinché raggiungano la giustizia, la misericordia e la fedeltà. In Matteo 15:7-9 e in 23:13-18 ci viene detto che Gesù rimproverò notevolmente i farisei e gli scribi del Suo tempo, che si attenevano strettamente alla tradizione degli uomini, ma il cui cuore non adorava Dio in verità. Dio non accetta un'adorazione offerta dall'uomo arbitrariamente.

L'adorazione deve essere offerta in accordo con i principi che Dio ha stabilito. Questa è la ragione per cui il cristianesimo si differenzia chiaramente dalle altre religioni, i cui adepti creano culti per soddisfare le loro esigenze e adorano in un modo che è piacevole per loro. Da un lato, un servizio carnale di culto è un servizio privo di significati di culto in cui un individuo va semplicemente al santuario e partecipa al servizio. Dall'altra parte invece, un servizio spirituale di culto è l'atto di adorazione dal più profondo del cuore e la partecipazione al servizio di culto in spirito e verità, come figli di Dio che amano il loro Padre celeste. In quanto tale, anche se due persone adorano nello stesso tempo e nello stesso luogo, in base al cuore di ogni individuo, Dio può accettare l'adorazione di una persona e rifiutare quella dell'altra. Anche se le persone vanno al santuario e adorano Dio, non sarà di alcuna utilità se Dio dice: "Io non accetto la vostra adorazione".

4. Presentare i vostri corpi in sacrificio vivente e santo

Se lo scopo della nostra esistenza è quello di magnificare Dio, allora l'adorazione deve essere al centro della nostra vita e noi dobbiamo vivere ogni momento con l'atteggiamento di adorarLo. Il sacrificio vivente, santo, che Dio accetta, l'adorazione in spirito e verità, non è soddisfatta frequentando un servizio di domenica una volta alla settimana mentre si vive poi arbitrariamente secondo i bisogni e desideri personali dal lunedì al sabato. Siamo stati chiamati ad adorare Dio in ogni momento e in ogni luogo.

Andare ad un culto in chiesa è un'estensione della vita di culto. Dal momento che qualsiasi culto che è separato dalla propria vita non è vero culto, la vita di un credente nel suo complesso deve essere una vita di servizio spirituale di adorazione offerta a Dio. Dobbiamo non solo offrire un bel servizio di culto in un santuario in conformità alle procedure e significati appropriati, ma dobbiamo anche condurre una vita santa e pura obbedendo alle leggi di Dio nella nostra vita di tutti i giorni.

Romani 12:1 ci dice: "Vi esorto dunque, fratelli, per la misericordia di Dio, a presentare i vostri corpi in sacrificio vivente, santo, gradito a Dio; questo è il vostro culto spirituale". Proprio come Gesù ha salvato tutta l'umanità offrendo il Suo corpo come sacrificio, Dio vuole che presentiamo i nostri corpi come viventi e santi.

Oltre al Tempio visibile che è stato costruito, dal momento che lo Spirito Santo, che è uno con Dio, abita nei nostri cuori, ognuno di noi è diventato il Tempio di Dio (1 Corinzi 6:19-20). Dobbiamo rinnovarci ogni giorno e custodire noi stessi nell'essere sacri. Quando la Parola, la preghiera e la lode abbondano nei nostri cuori e quando facciamo ogni cosa nella nostra vita con un cuore di adorazione a Dio, avremo dato i nostri corpi come sacrificio vivente e santo con cui Dio si compiace.

Prima di incontrare Dio sono stato colpito da diverse malattie. Ho passato molti giorni nella disperazione senza speranza. Dopo essere stato a letto malato per sette anni, avevo un debito enorme con l'ospedale e per i costi dei farmaci. Vivevo in condizione di povertà, eppure tutto è cambiato quando ho incontrato Dio. Egli mi ha guarito da tutte le mie malattie, e ho iniziato la mia nuova vita.

Sopraffatto dalla Sua grazia, ho cominciato ad amare Dio sopra ogni cosa. Il Giorno del Signore, mi sono svegliato all'alba, ho fatto un bagno e indossato biancheria pulita. Anche se avevo indossato un paio di calzini solo per poco tempo il sabato, non li ho indossati di nuovo in chiesa il giorno seguente. Ho anche indossato l'abito più pulito e ordinato che avevo.

Questo non vuol dire che i credenti quando vanno ad adorare devono avere un'apparenza alla moda. Se un credente crede davvero e ama Dio, è naturale per lui fare i preparativi necessari per andare davanti a Dio per magnificarLo. Anche se le circostanze di qualcuno non permettono un certo tipo di abbigliamento, tutti possono indossare vestiti e curare il proprio aspetto, al meglio delle loro capacità.

Ho sempre fatto in modo di fare offerte con banconote nuove; ogni volta che mi sono imbattuto in banconote nuove di zecca, le ho messe da parte per le offerte. Anche in caso di emergenza, non ho toccato i soldi che avevo messo da parte per le offerte. Sappiamo che anche ai tempi dell'Antico Testamento, seppur esistevano diversi livelli a seconda delle circostanze di ogni persona, ogni credente preparava un'offerta quando andava davanti al sacerdote. Su questo Dio ci istruisce senza mezzi termini in Esodo 34:20, "nessuno comparirà davanti a me a mani vuote."

Proprio come avevo appreso da un evangelista, ho sempre fatto in modo di preparare una piccola o grande offerta per ogni servizio di culto. Anche se con il reddito che mia moglie ed io guadagnavamo, riuscivamo a malapena a coprire gli interessi sul debito che avevo, non abbiamo mai dato controvoglia o rimpianto dopo aver effettuato le offerte. Come potevamo rimpiangere quando le nostre offerte venivano usate per salvare le anime e per il Regno di Dio e il compimento della Sua giustizia?

Dopo aver visto la nostra devozione, al momento della Sua scelta, Dio ci ha benedetti affinché estinguessimo il nostro debito enorme. Ho cominciato a pregare Dio affinché mi rendesse un buon anziano che poteva dare agevolazioni finanziarie ai poveri, orfani, vedove e ammalati. Eppure, Dio inaspettatamente mi ha chiamato ad essere un ministro e mi ha guidato a condurre una chiesa immensa che salva innumerevoli anime. Anche se non sono diventato un anziano, posso fornire sollievo a un gran numero di persone e guarire i malati grazie al potere di Dio che Egli mi ha dato, entrambi doni che sono molto di più di quello per cui avevo pregato.

5. "Finché Cristo sia formato in voi"

Proprio come i genitori faticano volontariamente al massimo nel favorire i loro figli dopo averli dati alla luce, tanta fatica, perseveranza e sacrificio sono elementi necessari per prendersi cura e guidare ogni anima verso la luce. Su questo l'apostolo Paolo confessa in Galati 4:19, "Figli miei, per i quali sono di nuovo in doglie finché Cristo sia formato in voi." Proprio perché so che il cuore di Dio, che considera una sola anima più preziosa di tutto nell'universo e desidera vedere che tutti gli uomini ricevano la salvezza, sto facendo ogni sforzo per portare una sola e ultima anima sulla via della salvezza e alla Nuova Gerusalemme. Cercando di portare il livello della fede dei membri della chiesa "all'altezza della statura perfetta di Cristo," (Efesini 4:13) ho pregato e preparato messaggi in ogni momento e occasione che sono riuscito a trovare. Mentre ci sono momenti in cui mi piacerebbe molto sedermi insieme ai membri della chiesa per conversazioni gioiose, come pastore responsabile nel guidare il suo gregge nel modo giusto, ho praticato sempre l'autocontrollo e svolto le mansioni che Dio mi ha dato.

Ci sono due desideri che ho per ogni credente. In primo luogo, vorrei tanto che ogni credente riceva non solo la salvezza, ma che possa dimorare nella Nuova Gerusalemme, il luogo più glorioso in cielo. In secondo luogo, vorrei che tutti i credenti sfuggano alla povertà e conducano una vita di prosperità. Più la chiesa subisce un risveglio e aumenta di dimensioni, più aumenta anche il numero di persone per le quali sono necessarie agevolazioni finanziarie e guarigioni. In sintesi, non è un compito facile notare bisogni e agire di conseguenza secondo le esigenze di ogni membro della chiesa.

Quando i credenti commettono un peccato, lo sento come il più pesante dei fardelli. Questo perché so che quando un credente pecca scopre che si allontana dalla Nuova Gerusalemme. In casi estremi qualcuno può anche scoprire che non sarà più in grado di ricevere la salvezza. Il credente può ricevere risposte e guarigione spirituale o fisica solo dopo aver demolito il muro del peccato che si alza tra lui e Dio. Mentre mi aggrappavo a Dio a nome dei credenti che avevano peccato, non riuscivo a dormire, ho combattuto le convulsioni, ho versato lacrime e perso tanta energia, accumulando innumerevoli ore e giorni di digiuno e di preghiera.

Avendo accettato queste offerte in una innumerevole serie di occasioni, Dio ha mostrato la Sua misericordia per le persone, anche per alcune di loro che in precedenza erano indegne di salvezza, concedendo loro lo spirito di pentimento in modo che potessero pentirsi e ricevere la salvezza. Dio ha anche ampliato le porte della salvezza in modo che innumerevoli persone in tutto il mondo potessero venire ad ascoltare il Vangelo della santità e abbracciare le manifestazioni del Suo potere.

Come pastore, vedere molti credenti crescere splendidamente nella verità, è la cosa più gratificante. Negli stessi modi in cui il Signore ha offerto senza colpa Se stesso come profumo di odore soave a Dio (Efesini 5:2), sto avanzando con costanza per offrire ogni aspetto della mia vita come sacrificio vivente e santo a Dio per il Suo regno e le anime.

Quando i bambini onorano i loro genitori con la festa della mamma o la festa del papà ("Festa dei Genitori" in Corea) e mostrano segni di gratitudine, i genitori non possono essere più felici. Anche se quei segni di gratitudine potrebbero non essere di piacimento dei genitori, i genitori sono comunque contenti perché sono segni che arrivano dai propri figli. Più o meno allo stesso modo, quando i Suoi figli offrono a Lui un culto di adorazione preparato con il massimo grado di sforzo nel loro amore per il Padre celeste, Lui è felice e li benedice.

Naturalmente, nessun credente deve vivere in modo arbitrario durante la settimana e mostrare devozione solo la domenica! Come Gesù ci dice in Luca 10:27, ogni credente deve amare Dio con tutto il cuore, con tutta l'anima, con tutta la forza e con tutta la mente, e offrirsi come sacrificio vivente e santo ogni giorno della sua vita. Attraverso l'adorazione di Dio in spirito e verità e offrendo a Lui un aroma soave dal vostro cuore, possa ogni lettore godere abbondantemente di tutte le benedizioni che Dio ha preparato per lui.

L'Autore
Dr. Jaerock Lee

Il Dott. Jaerock Lee è nato nel 1943, a Muan, in provincia di Jeonnam, nella Repubblica della Corea. Intorno ai vent'anni iniziò a soffrire di varie malattie incurabili. Dopo sette anni di sofferenza e senza alcuna speranza di guarigione, non gli restava che aspettare la morte. Un giorno, nella primavera del 1974, fu condotto in una chiesa da sua sorella e come si inginocchiò per pregare, l'Iddio vivente lo guarì immediatamente da tutte le sue malattie.

Dall'istante in cui ha incontrato l'Iddio vivente attraverso quell'esperienza meravigliosa, lo ha amato con tutto il suo cuore e tutta la sincerità di cui era capace. Nel 1978 fu chiamato ad essere un servitore di Dio. Ha pregato intensamente con fervore e digiunando in modo da poter comprendere chiaramente la volontà di Dio, compierla totalmente e obbedire alla Parola di Dio. Nel 1982, ha fondato la Chiesa Centrale del Ministerio Manmin in Seoul, Sud Corea e compiuto innumerevoli opere per mano di Dio, incluse guarigioni miracolose e molti miracoli sono avvenuti nella sua chiesa da allora.

Nel 1986, Il Dott. Lee è stato ordinato pastore durante la Riunione Annuale della Jesus' Sungkyul Church of Korea, e quattro anni più tardi nel 1990, i suoi sermoni cominciarono ad essere trasmessi in Australia, Russia, e le Filippine. In breve tempo molti altri paesi sono stati raggiunti attraverso la Far East Broadcasting Company, la Asia Broadcast Station e la Washington Christian Radio System.

Tre anni più tardi nel 1993, la Manmin Central Church è stata nominata tra le "50 Chiese più grandi del mondo" dal periodico cristiano "Christian World Magazine" (Stati Uniti). Inoltre, il dott. Lee ha ricevuto un Dottorato Onorario presso l'università cristiana, "Christian Faith College", Florida, Stati Uniti e nel 1996 un Dottorato Ministeriale presso l'università teologica "Kingsway Theological Seminary", Iowa, Stati Uniti.

Dal 1993 il dott. Lee ha intrapreso la direzione di una visione missionaria mondiale esplicitandola attraverso crociate all'estero, di cui alcune svoltesi in Tanzania, Argentina, L.A., Baltimora, Hawaii e New York City negli Stati Uniti, Uganda, Giappone, Pakistan, Kenya, Filippine, Honduras, India, Russia, Germania, Perù, Repubblica Democratica del Congo, Israele e in Estonia.

Nel 2002 molte riviste e giornali cristiani in Corea lo hanno definito "pastore mondiale" in riferimento al suo lavoro missionario all'estero. In particolare ha riscosso particolare clamore la sua "crociata di New York", svoltasi nel 2006 presso il Madison Square Garden, la più famosa arena del mondo. L'evento è stato trasmesso a 220 nazioni. Poi, durante la storica Crociata Evangelistica in Israele , che si è tenuta nel 2009 presso il Centro Congressi Internazionale (ICC) a Gerusalemme ha coraggiosamente proclamato che Gesù Cristo è il Messia e Salvatore.

I suoi sermoni sono trasmessi in 176 nazioni attraverso canali satellitari, tra cui la GCN TV. Nel 2009 e 2010 è stato indicato come uno dei "Top 10 leader cristiani più influenti" dalla rivista cristiana russa "Nella Vittoria" e dall'agenzia di stampa Christian Telegraph, per il suo potente ministerio televisivo e per il ministerio svolto come pastore delle chiese oltreoceano.

A partire da novembre 2012, la Manmin Central Church ha una congregazione di oltre 120.000 membri, con oltre 10.000 chiese affiliate in tutto il mondo, tra cui 56 domestiche, e più di 129 missionari presenti in 23 paesi, tra cui Stati Uniti, Russia, Germania, Canada, Giappone, Cina, Francia, India, Kenya e molti altri.

Alla data della presente pubblicazione, il Dr. Lee ha scritto 64 libri, tra cui i bestseller Gustare la vita eterna prima della morte, La mia vita, La mia fede I e II", Il messaggio della Croce, La Misura della Fede, Cielo I e II, Inferno, Risvegliati, Israele! e La potenza di Dio, tradotti in più di 74 lingue.

I suoi articoli sono presenti su diversi periodici e riviste cristiane, come Hankook Ilbo, il JoongAng Daily, il Chosun Ilbo, il Dong-A Ilbo, il Munhwa Ilbo, il Seoul Shinmun, The Kyunghyang Shinmun, The Korea Economic Daily, The Korea Herald, The Shisa News, e The Press Christian.

Il Dott. Lee attualmente guida molte organizzazioni missionarie e associazioni, tra cui: Presidente della United Holiness Church of Jesus Christ, Presidente della Manmin World Mission, Presidente permanente di The World Christianity Revival Mission Association, Fondatore e Presidente del Comitato del World Christian Doctors Network (WCDN), e Fondatore e Presidente del Comitato del Manmin International Seminary (MIS).

Altri autorevoli libri dello stesso autore:

Cielo I e II

Uno schema dettagliato dell'ambiente meraviglioso che i cittadini del cielo godranno immersi nella gloria di Dio, la Nuova Gerusalemme e il regno dei cieli.

Il Messaggio della Croce

Un messaggio potente e rinvigorente per tutti quelli che sono spiritualmente sonnecchianti. In queste pagine troverete l'amore vero di Dio e le ragioni per cui Gesù è l'unico Salvatore.

Inferno

Un accorato messaggio divino a tutto il genere umano. Dio desidera che ogni anima sia salvata e non precipiti all'inferno! Questo libro svela dettagli e racconti sulle crudeltà dell'inferno come mai sono stati narrati prima.

La Potenza di Dio

Una guida essenziale per il credente su come possedere la vera fede e sperimentare la potenza mirabile di Dio.

Spirito, Anima e Corpo I e II

Gli uomini sono stati creati a immagine di Dio, e senza Dio, non possono vivere. Otterremo le risposte alla domanda sull'origine dell'uomo solo quando sapremo chi è Dio.

Risvegliati Israele!

Perché Dio ha mantenuto i suoi occhi su Israele dal principio del mondo fino ad oggi? Che tipo di Sua provvidenza è stato preparato per Israele negli ultimi giorni, che attendono il Messia?

La Mia Vita, La Mia Fede I e II

L'autobiografia del Dott. Jaerock Lee. Un aroma spirituale fragrante per il lettore, che, attraverso la vita del pastore Lee, testimonierà dell'amore di Dio che ha rotto il giogo della disperazione più profonda.

La Misura della Fede

Quale regno, quale corona e quale ricompensa sono state preparate per voi in cielo? Questo libro provvede, con sapienza e rivelazione, una guida alla comprensione del concetto di "misura di fede" per maturare nella tua fede.

www.urimbooks.com

www.ingramcontent.com/pod-product-compliance
Lightning Source LLC
LaVergne TN
LVHW021826060526
838201LV00058B/3523